關係力決定你的人生優勢

打通人脈、集結盟友，
用10%關鍵人物，成就90%大事！

李維文——著

方舟文化

自序

打造關係力≠攀關係

關係力≠攀關係，是把握機遇、將人生經營得更好的前提。

有一次，我到新加坡出差，受邀參加新加坡國立大學商學院舉辦的「財富與人際關係」論壇，討論在財富累積過程中人際關係所扮演的角色與作用。與會的福萊國際傳播諮詢公司亞太區總裁施穎妍在活動中提出一個觀點：人一生中可以「有效利用」的財富，取決於個人社交關係的品質。

她解釋，傳統觀點認為，一個人經營關係的能力可以決定他的事業高度，意味著只要關係好，事業也可以發展得很好。但實際上，這種觀點存在著很大的「生存者誤差」（或稱倖存者誤差）。有許多案例顯示，許多人的人緣很好卻過得不好，賺了錢也沒有留住；追究其因，他們在開發和利用人際關係這件事上，缺乏一種關鍵的能力——運用這些關係成就自己、為自己增值的「關係力」。舉例來說，也許你運氣好賺到一億元，但想讓這一億元的財富穩健增值，便需要優秀的專業人士幫助，這就是關係為你帶來的生產力。

這種「關係力」，就是本書的重點。現今社會上，我們每天做很多事情都要與別人打交道，其中涵蓋了身邊的熟人（強連結），又包括無處不在的陌生人（弱連結），如何將這兩種關係經營得當，藉此提高自己生產力，是我們把握機遇、將人生經營得更好的前提。

當天論壇活動結束時，施穎妍做了總結：「雖然『關係』是財富的『挖掘機』，但並非一個功利的工具，我們從生命一開始便有了社交行為，社交便意味著關係。誰能與社交斷絕關係呢？我可以肯定的說，沒有人能夠做到！」

再進一步討論，社交與人的生產力息息相關，「擁有強大的關係力」，才能在這個時代如魚得水。史丹佛商學院曾經對全球一千名各行各業的成功者做過一項類似調查，結果顯示，七六％的人所獲得的第一桶金都源自於關係。比他們有能力的競爭者多不勝數，但幸運卻降臨到他們的身上，由此可見，關係力的強大影響。

曾有位企業執行長直白的描述自己如何度過公司難關，「因為我的大學同學就是融資機構代表，所以當時的談判過程異常順利。」如果沒有這層關係，他的企業不可能在最困難的階段很快獲得銀行金援。也許終有一天會有投資者用放大鏡看到他的能力，但恐怕那時他早已經被後浪推倒在沙灘上了。

這是個相當殘酷又無法迴避的現實。除非你躲在家裡，從事任何與社交無關的工作，像是買賣外匯、投資期貨股票、藝術創作，這些看似不必與人直接接觸的行業，但你仍然需要透過特定關係收集和了解第一手資訊，拓展視野與專業知識等。由此可見，我們從出生到死亡，無時無刻都被關係的力量所影響。

在行動網路和資訊化時代，人與人的連結都比過去更為頻繁、緊密，經營關係不再是一種時間戰（靠時間催化友情），而是一種與效能有關的戰爭（你可能只有一兩次機會）。既然如此，我們必須強化自己的關係力，提高社交效率，讓自己的關係品質更好，進而轉化為自己的生產力。

在本書中，我們會探討幾種不同的關係對人生的影響，以及如何加強自己的社交能力，利用和挖掘社交的機遇，讓高品質的關係成為人生的助力，這其中既包括與熟人的社交，也有我們時時需要面對的、和陌生人之間的社交。

我會透過個人多年來的親身經歷和成功者的經驗分享，以簡單易懂的案例，從不同的面向為讀者講述提高關係力的原則，應該如何打動別人、建立有價值的人脈關係和提升社交效能等實用策略。

此外，本書也提供一個簡易的社交體系，只要每個人清楚知道自己想要的是什麼，對人生有縝密的計畫，借鑑書中對應的知識和策略，就一定能在短時間內大幅提升自己的關係力，從社交中獲得應有的回報！

目錄

Part 2
內圈人脈：關係又好又懂你

Part 3
外圈盟友：事業上同行的人

Chapter 7 誠信的客戶，是最好的客戶 224

Part 1

關鍵核心：無條件挺你的人

任何人都無法孤軍奮戰，也不是萬能，什麼事都能做得到，
所以更需要知己與另一半的支持。
在思想、眼光和視野上，與我們互補，時時提點，
更能成為成功路上的好幫手。

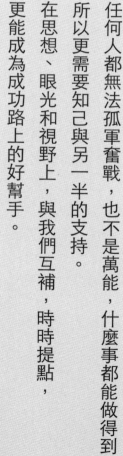

Chapter 1 全世界誰傾聽你

◉不用多說就能彼此了解

人的一生中，知己難遇。你和他（或她）之間必須相互了解。就算什麼都不說，對方也能明白你的心意，並保持一致的高度，即使不一定認同你的觀點，但他一定是善意的，願意與你溝通交流。重要的是，你們了解彼此的性情、為人，在任何時候都願意支持和相信對方。

尋找喜歡和願意傾聽你的人，和他們做朋友，看有沒有機會和他們成為最好的朋友——這就是我的建議。曾經有位加州大學的年輕人向我請教伴侶的選擇問題，我沒有告訴他應該選擇什麼樣的人，而是對他說：「如果你的結婚對象願意和你聊天，願意聽你說話，那麼你們的婚姻生活便會非常的幸福。至少對你而言，隨著年齡增長，你會發現這是對方的優點。」

有位知名男演員在接受採訪時曾經說：「我四十歲了都還沒結婚的原因，是因為一直沒有遇到合適的人。至於我理想中對象，就是無時無刻可以一起聊天的女孩。」

你可能會奇怪的問：「這有什麼困難的？」事實上這相當困難。

有人願意聽，不代表什麼都能說

聊天很簡單，願意聊天的人很多，喜歡傾聽的人也不在少數，但「無時無刻」就很難做到了。例如，你在半夜遇到困擾，想把心裡的話說給對方聽，多數人可能很不高興的予以回絕：「這麼晚了，明早再說吧！」然後轉頭就睡了。不僅你傾訴的欲望立刻消失，對對方的印象也會大打折扣。久而久之，你們之間的情感就會出現裂痕。

這個世界上很多人都能做普通朋友，但就是不能做知己，因為絕大多數人都做不到「無時無刻」聽對方傾訴這一點。我們不妨靜下心來想一想，看一看，拿出自己手機上的通訊錄查一查，問自己：「這些人之中，誰是我可以無時無刻打擾的？」到最後你可能會發現竟然寥寥無幾。

即使有個人視你為最好的朋友，也願意聽你傾訴，即使是三更半夜也會毫不猶豫接聽你打來的電話，但這並不代表你可以想說什麼，就一股腦兒的全都說出去。

在現實生活中，有些人的人緣不錯，認識的人很多，關係好的人也不少。於是他們養成了一個壞習慣，任何一點小事都想告訴朋友，說起來沒完沒了，讓人非常反感。對方客氣一點，會說他們是「碎嘴」，實在煩透了，可能就覺得他們口不擇言，最後就不再拿他們當朋友了。

問問自己，有沒有傾聽的習慣

即使是朝夕相處的家人，或是親密無間的愛人，我們也不能想說什麼就說什麼，想什麼時候說就什麼時候說。對自己最好的朋友、心靈的知己，我們也要確立一些原則。

原則一，盡量不在休息時間去打擾對方，比如三更半夜。

原則二，盡量只說重要的與必要的事情，不要整天只講一些瑣碎無聊的煩心事。

原則三，盡量不要失禮，保持適當距離，別過度深入對方的生活，也避免把自己所有的隱私都告訴對方。

根據以上原則，你再翻一下通訊錄上的名字，看看這些人有幾個符合上面的標準，還有你能否遵守這些標準？他們之中有哪些人能遵守這些標準？

就我個人十多年的培訓經驗來看，多數人在進行這一步的檢查之後，不免有些悲傷，因為真正合格的人很少。往往在這個時候，人們才意識到自己的生活中幾乎沒有這樣的朋友，才發現自己對朋友做得遠遠不夠。

你要拿出自己的態度，用真誠和耐心去傾聽，聽聽你的朋友有什麼心事，幫助對方排憂解難。這樣你就能實現與對方的互動，贏得認可和尊重。事實上，很多人之所以沒有這樣的朋友，就是自己的話太多，完全顧不上聽一聽對方的想法。

◉傾訴不是倒垃圾

有一天，我跟一位女性友人吳小姐一起吃飯。她已經在美國洛杉磯待了六年，個性外向，是那種有什麼事都願意對人說的女性。飯桌上，吳小姐一直抱怨，眼神充滿不屑，說：「知道我最煩什麼嗎？就是那些沒有耐心的人。別人跟他說點什麼東西，剛講了幾分鐘就受不了，動不動就找藉口走開，不給人面子。平時還是好朋友，到了關鍵時刻就靠不住！」

我知道吳小姐是個平常有事就會找人挖心掏肺的人，她心裡藏不住事，也不夠堅強。遇到工作不順心，情感不如意，和朋友有了衝突，她都習慣找人沒完沒了的傾訴，並把這當作信任別人的表現。她認為，因為我信任你，才向你傾訴，否則才不找你！這就是吳小姐的原則。

但我認為，無論你和對方的關係多好，傾訴也要適可而止，否則只是把對方當作情緒垃圾桶。有些事情翻來覆去講許多遍，對方早就聽膩了；有時候對方沒有太多時間聽你嘮叨，可能忙於工作，或者有事要出門，而你還在不停的重複那些沒有實質意義的話，對方肯定會感到厭煩。

如果你過度傾訴，講個不停只會嚇跑朋友，讓對方和你產生距離，不敢找你聊天，怕和你溝通。說穿了，有這種毛病的人很難找到知己；就算普通朋友也不會多，因為大家都想讓自己的耳根子清靜一點。

再好的朋友，都不是情緒垃圾桶

當然，站在你的角度，之所以傾訴有自己的立場和理由，可能是工作不順心、過於孤獨、受到同事的冷遇，或受到客戶的欺負等等。這些都是很好的理由，也讓人覺得這些傾訴具有某種「正當性」。但也因此，你便覺得向朋友傾訴是理所當然的，而朋友就必須聽你嘮叨個沒完沒了？就像吳小姐說的：「我需要發洩自己的鬱悶和不滿。在這種時候，不找閨密說又能找誰呢？她們是我最佳的傾訴對象！否則幹嘛當朋友？」

吳小姐的話聽起來好像有點道理，但並非所有人都認同。簡而言之，人們願意成為朋友的「垃圾桶」，聽對方倒倒苦水，抱怨一下，給對方心理上的安慰，但不會容忍對方每天都向自己大吐「苦水」，沒完沒了。

試想一下，誰願意成為這樣的角色？所以傾訴必須適可而止，要防止過度傾訴引起對方反感，不再當你是朋友。

是紓壓，不是嘮叨

我不斷在課程中強調，向別人傾訴要適當，也要講方法。除了避免話題重複，態度既不要太激烈，也不要太隱晦，必須把話說明白，告訴對方自己需要哪些協助。我們得平心靜氣的講，避免在朋友面前講得吹鬍子瞪眼，好像自己的不幸全是面前這位傾聽者所造成。

同時你還得選對時間，要在正確時間向朋友傾訴，不能老是在半夜吵醒別人，強迫對方在沙發上聽你嘮叨到天明，總是這樣做的結果，就算再好的朋友也會厭煩。

愛德華教授是我主持的諮詢機構顧問，他認為，在心理學上「傾訴」的作法確實可以用來宣洩情緒，但並非解決心理問題的唯一方法，也不是最好的方法。如果我們心中有苦悶，可以適當傾訴，例如壓力很大時，進行一定時間和一定程度的傾訴沒有問題，但必須找對人，選對方法，控制時間。

怎麼做才算「適當」呢？你可以先設定好程序，提出一些要求，嚴格的按照這些既定的要求去做，不要突破設定好的底線，否則傾聽者很容易就發現你生活中負面的東西，並加以放大，對你產生負面印象。

愛德華教授說：「朋友之間的過度傾訴，實際上是一種對於情感宣洩的不良引導，可能會讓事情極端化。過度傾訴就像是一種毒品，讓身體和心理上癮，我們只要一天不傾訴，心情就不能平靜，如此一來，朋友會對你敬而遠之，誰也不願意活在那些話語垃圾的殺傷範圍內，你也更難從中走出來。」

最重要的是，千萬不要每次都重複同一個話題、宣洩同一種情緒或拿同一件事抱怨個沒完沒了，這只會讓對方覺得你缺乏基本的自省能力。有的人的確如此，跑到你跟前發牢騷，把一件事從頭到尾說了一遍，你耐心的聽、真誠的講、也給了建議，他們當場也頻頻點頭，好像已經想通了，但第二天又重複一遍昨天的談話。不用幾天時間，任何人都會對此感到厭煩。

一個人如果每天都聽你重複嘮叨、不斷倒帶，耳朵早就生了厚厚的繭，恨不得離你越遠越好，還會跟你做朋友嗎？

◉再熟，也要保持安全距離

我們與知己之間的最佳距離為何？要知道這個答案，首先得明白人際交往中的距離可分為兩種：第一種是物理距離，第二種是心理距離。人與人相處時會同時面對這兩種距離，至於如何掌握與拿捏，會影響到你能否在與知己的互動中贏得對方的認可和尊重。

關於物理距離部分，建議和知己不用住得太近，因為整天在一起並非好事。至於心理距離，我們必須留給對方適度的私密空間，不要什麼事都要產生交集，否則會嚴重影響到彼此關係。

相處距離近了，卻從此變陌生人

艾倫和伯科特在二〇一〇年的一場商務論壇中結識成為好友，他們兩個人都是電信業的同行，也各自擁有十年左右的工作經驗，擔任相同的公司職務。這些共同點迅速拉近他們的關係，經過幾個月的往來，他們發現彼此價值觀和理念非常一致，志趣相投。在一次聚會後，艾倫說：「嘿，兄弟，我們真是人生知己。」

為了增進彼此友誼，艾倫甚至決定辭掉位於華盛頓的工作，到伯科特遠在曼哈頓的公司面試。兩個人順利成為同事，每天一起聊天、工作，友情迅速升溫，雙方更進一步決定做鄰居，搬到同一座小鎮，兩戶距離約一百公尺，只要步行幾分鐘，穿過一個路口就能到對方家裡做客。

這兩個好朋友的物理距離確實拉近了，以前相隔兩百公里，如今只有一百公尺。但是艾倫和伯科特的關係變得更好了嗎？

起初當然是這樣，他們白天一起工作，晚上一起開車回家，吃完飯一起看棒球比賽，分享見解，親如兄弟，幾乎是一種讓人嫉妒的友情，除了妻子和孩子，他們是對方心目中最重要且無可取代的人。只是這段完美的友誼只維持了短短八個月時間，各種煩惱接踵而至。

艾倫感覺很鬱悶，他在社交網站上發文說：「我有一位心靈知己，彼此無話不談。於是我們決定住到同一條街上，並且在同一家公司工作。但我現在突然發現，一切並沒有如我想像中那般美好。他是我需要的朋友嗎？他是我心目中的知己嗎？我發現對方有很多缺點，都是我不能容忍的，例如：他愛喝酒且酒量很大，酒後容易失態，還亂摔東西；他看球賽的習慣也不好，總是大呼小叫，過分激動熱情，可是我喜歡安靜，不管做什麼都不喜歡發出太大的聲音。」

另外，伯科特在聊天時喜歡打探自己的私生活，也令艾倫感到不滿，認為這不應該是知己該做的事情：「我不想被人指手畫腳，但他偏偏喜歡這麼做！」

這樣看起來，伯科特確實有不少缺點，但誰沒有一些令人討厭的壞習慣呢？只不過，近距離讓這些問題放大了，以前美好的感覺蕩然無存。

在伯科特的眼中，艾倫的形象也在極速惡化。他覺得艾倫太安靜，完全不是以前每隔一個月在商務聚會上交流時，那樣健談和睿智的形象，「他的話太少了，雖然偶爾說出的話還是那麼犀利，但我不喜歡太悶的人。」當伯科特興致勃勃的討論球賽的細節時，艾倫總是點頭或只是「嗯」一聲作為回應。

久而久之，伯科特和艾倫兩個人的關係就在互相「厭惡」中日漸疏遠。由每日一聚變成三日一聚，慢慢的，兩個人每週才聚會吃飯一次。直到後來，他們也取消原本的聚餐，只打電話交流。又過了兩個月後，艾倫決定搬走，遠離他的「知己」。

適當距離，讓關係保鮮

我的合夥人史密斯曾向我講述，他為美國眾議院情報委員會工作時的一次經歷。他在那裡認識一位經常出入眾議院的美國軍工企業掮客休斯·赫芬，休斯在財團和政府之間牽線搭橋，從事公關遊說工作，他人很好，總是盡職做好自己的工作，卻厭倦目前的生活。

他遇到史密斯後，兩個人相見恨晚，第一天就在咖啡廳裡聊天兩個多小時。史密斯還為此延後下午原訂的會議，他們從政治聊到經濟、世界歷史，無所不談。他們在很多重大議題上見解相同，並把對方視為知己。

史密斯說：「我很尊重休斯，很想幫他脫離『苦海』，打算介紹他到我的團隊工作。但就在開口前，我克制住了這種衝動，因為不想失去這位朋友。不，他不只是朋友，是比朋友還要珍貴的知己，我們可以在對方那裡找到一塊淨土，毫無顧忌的談論任何事，又不需要深入對方的生活，了解對方的一切。這是一種美妙的距離，讓我們都有足夠的空間。」

「假如這種距離被改變了，像是我們成為同事、鄰居，甚至每天無話不說的哥兒們，將會發生什麼？」史密斯對於彼此的關係與相處，非常小心謹慎。

於是史密斯持續和休斯保持一種郵件聯絡的方式，連私人電話都沒有留給對方；休斯當然也是這麼做。這種美好的友誼維持至今已經八年，兩人的關係仍然很融洽，每週都會互通郵件，交換對重大事件的觀點。

我問史密斯：「你現在如何評價休斯先生，還當他為知己嗎？」

史密斯肯定的說：「當然，這種感覺非但沒有減弱，反而隨著歲月的流逝越來越強烈。我們都不想結束這種關係，因此保持距離格外重要，以免當了解加深時變得互相憎惡。你知道，我們已經見過太多類似的悲劇。」

誠如史密斯的案例，在人際交往中，一定要與人保持適當的距離，注意給雙方留有足夠的空間，才是長久之道。

作法篇：如何贏得對方尊重？

我們要如何在交往過程中贏得對方的尊重呢？如何讓對方因為尊重你而成為朋友，彼此交心？這不僅是交際的學問，也是非常重要的自我提升課程，你不能只盯著溝通或社交技巧，而應該將目光放在自身的修養上。

在一次課程中，我對來自華盛頓的五百六十名學員說：「在現代社會中，追求平等是件好事，很多人把人格看得比薪水還重要。為什麼？既然大家都想讓別人尊重自己，但具體應該怎麼做呢？」

在我認為，「不要先管別人怎麼做，而是要看看自己是否有足夠條件贏得別人的尊重。」那麼在日常的生活和工作中，我們該如何做，應該遵守什麼原則，才能贏得別人的尊重呢？

原則一：保持獨立人格

最重要的第一個原則，就是自尊自愛。一個人必須潔身自愛，保持人格的獨立，才能為贏得別人的尊重打下堅實的基礎。

一個重視自己的人，才會贏得別人的尊重。假如你凡事都「無所謂」，自輕自賤，別人便不會太在意你的意見和感受，那要如何贏得尊重呢？人們會在背後說：「這個人向來沒有底線，也不自愛，不必當他一回事！」

還有一種不自愛和不自尊的表現，那是過分遷就。別人說什麼就什麼，沒有任何意見，無形中也會貶低自己的價值，抹掉自己的存在感。這種情況最常發生在戀愛中，有些人為了追求愛情，一味的遷就迎合對方，失去自己的人格，放棄了尊嚴。試想一下，一個不重視自我價值的人，只會留給異性不夠自信的印象，又如何能在愛情中活出自己，贏得對方尊重呢？

千萬要記住，尊重自己的人才有魅力；尊重自己，說明你充滿自信。一個有自信的人無論走在哪裡都會閃閃發光，也比別人擁有更多機會，容易獲得其他人的青睞。

原則二：有主見

有主見，亦即不輕易被他人左右。

在生活和工作中常見到一種人，只要聽到別人對自己的評價就格外緊張，相當在意別人說的話；若是受到讚揚後又會飄飄然，盲目的自我陶醉；萬一受到批評和否定時又感到沮喪消沉，對自己全盤否定。

這就是沒有主見、沒有自我的表現。假如你也經常這樣，那就要盡量調整，不要太在乎別人的看法，也不要活在別人的眼光裡。太在乎旁人的評價，就會畏首畏尾，精神壓力也會很大。現實中，別人的意見只能當作參考，不能代替你自己的想法。

原則三：勇於認錯

「知錯能改，善莫大焉。」勇於認錯並且改過是一種美德，這樣的人也會獲得尊重。

人們在工作中難免會有失誤，決策時偶爾會失去理性，這些都在所難免，重要的是能及時承認並改過，別人便不會那麼強烈的指責你，也可以得到對方的體諒與尊重。

很多人因為太好面子，不敢認錯，也不想認錯。更有甚者，會用新的錯誤來掩蓋舊的錯誤，離正道越來越遠。其實，認錯代表著坦誠和直率，讓人們願意和你合作、交往，成為很好的朋友。

原則四：尊重別人

想讓別人尊重你，願意和你做朋友，最起碼你也要懂得尊重別人。很多人自視清高，一副「唯我獨尊」的樣子，總是目中無人，對別人傲慢無禮。他們以為此舉就能抬高自己，得到別人的尊重，但事實上，反而會讓人對你敬而遠之，避之唯恐不及。只有尊重別人，才能贏得對方的尊重，並在相互尊重中獲得對方的支持和理解。

原則五：真誠

真誠不是用嘴巴說說，而是身體力行。待人真心，不能虛情假意，也不能口是心非，最簡單的作法，可以從最簡單的見面打招呼開始，在言行舉止的細節中傳達真誠的態度，並感染對方。

你要懂得適當的體諒別人，遇到爭議時經常換位思考，站在對方的立場設身處地想一想，如果我遇到同樣事情的心情如何？這樣多練習幾次，就會容易理解和體諒對方了。

真誠的對待他人，也包括對待自己，就像是原則三提到的勇於認錯。發現自己做錯了要主動承認，別為了面子死不認錯；同時在別人做錯時，要以適當的方式指正，並幫助對方改正。

Chapter 2

另一半：沒有最好，只有最適合

◉理想人生與幸福婚姻

十幾年前，我大學畢業便進入長江實業集團工作，加入位於香港九龍的新客戶開發團隊，這個團隊是由少數精英主導，專門培訓新進潛力員工。

初入團隊時，除了向這些優秀的前輩請教提高銷售業績的方法，我每天的業務便是穿梭在九龍地區大街小巷，拜訪中小超市經營者和新建商場的老闆們，推銷集團代理的電器，常有機會聽他們暢談成功經營的故事、創業動機及自己人生中攀上高峰的時刻。

我到了美國後，平時也喜歡和許多企業主、高階主管聊天，向他們請教工作之外的問題，包括如何處理人際關係，如何解決感情問題等。這些問題都是可以側面了解一個人的生活是否幸福、人生是否成功的重要面向。

這些年來，我聊過天的成功商務人士已經超過五萬人，不乏微軟、華為、思科、通用汽車和西門子等跨國企業的管理高層。

我發現與這五萬多人的話題中，出現頻率最高的不是與同學、師友和客戶之間的困惑，而是關於感情方面。每當他們聊到自己為了某件事而後悔或遺憾時，必定會談到，「我在感情方面其實處理得不好」，或「我到現在還在反省自己的婚姻」等失敗的感情經歷。其中，最讓人感到後悔莫及的，就是遇到了不對的人，走進一場失敗的婚姻中。

通用汽車公司的一位主管便說：「二十年前，我覺得賺錢最重要，只要事業有成，人生就是成功的，就能得到幸福。但我現在才明白，如果沒有成功的婚姻，事業再成功也很難擁有真正的幸福感。」

這位主管坐擁百萬美元的年薪，還享有兩個有薪年假，在世界各地飛來飛去，無論現身在哪都是受人矚目的貴賓，他擁有崇高的地位，具備很強的掌控力，但在婚姻和情感方面，卻出現無法解決的問題。

為什麼一個在外面呼風喚雨的成功人士，私底下卻處理不好自己婚姻與情感問題？

深究其因，可能是雙方在婚前沒察覺彼此生活習慣的差異；成長環境不同所形成的價值觀差異；兩人的脾氣南轅北轍，時不時爆發家庭戰爭，或根本無法和睦相處；或者是與對方的家人相處上，出現極大問題；還有些則是在性生活方面存在著無法調和的矛盾等。

下面讓我們來看幾個我在做諮詢工作時，曾經遇到的具體案例。

案例一：妻子全心付出，變情緒勒索籌碼

孫先生：「承擔不了過重的責任，難道我是忘恩負義的人嗎？」

我算是一個成功男人吧！但我的婚姻卻很不幸，目前已經離婚了，至於我和前妻分手的原因，表面上是我在外面找了情人，讓她很失望，可是問題不只出在我一個人身上，我又何嘗對這段婚姻不失望呢？

我們剛在一起的時候日子很苦，如今生活終於改善，卻離婚了。我不是那種

沒有責任心的男人，也不是因為喜新厭舊才與前妻分開。她對我、對這個家所有的付出，我都銘記於心。夫妻的利益可以說是共同的，無論對方做什麼事或是選擇，肯定都是為了這個家。

對每個人來說，都是平等的選擇權，你可以單方面選擇結束一段感情；每個人同樣也有掌握自己命運的權利，可以選擇成就事業或是婚姻。

前妻對家庭的全心付出，我一直充滿感激。但是我們夫妻相處到後來，只要我哪裡做得不夠好，她就會拿出自己付出多少為理由，讓我必須對她感恩戴德，聽從她的吩咐，全心全意對她好，甚至不能有一點疏忽，不然她必定會不斷罵我忘恩負義。

由於前妻的偏激，這個家帶給我很大的壓力，所以遇上那個溫柔體貼的女人時，我的心便跟著那個女人走了。老實說，前妻是個傳統的好妻子，對我很好，但世事難料，這段婚姻讓我明白了一件事，就是有一種女人會為了愛情不顧一切去成全男人，她們把家庭看得比什麼都重要，為了家庭什麼都可以捨棄，甚至犧牲自己一生，都投入到家庭當中。

這些付出讓人很感動，但也因此，男人才會覺得家庭的沉重壓力讓他們喘不過氣，試圖尋找一些不同的方式讓自己放鬆。這次失敗的婚姻經驗教我的是，女人不必把家當成自己的全部，而是要懂得愛自己、成全自己，她們的身價高了，追求的男人也就多了。與其為了愛情、為了家庭與丈夫爭吵不斷，這種方式可能更好，不知道您怎麼認為？

我的回答：

孫先生的觀點固然有些偏激，但您的婚姻中有一點很重要，就是女人不能把家庭和婚姻當成自己的全部，時時刻刻將自己的付出擺在對方的面前，否則很容易讓另一半感到厭煩。

一段婚姻應該要創造快樂，而不是創造沉重的壓力。所以，在婚姻中要給另一半適度的空間，不要為對方製造太多的心理壓力，讓他喘不過氣來，婚姻也許就會因此走到盡頭。

案例二：交往十年卻無法踏入婚姻

李小姐：「十年了，我才發現自己找錯人。」

我一直以為，我會與他安安穩穩過一輩子，但是人生不如意事十之八九，我們在一起後的第十年，我才痛苦的選擇與他分手。

遇到他時，我才高中畢業沒多久，剛剛踏入大學的校門。大學畢業後，我們便在外面租了房子，開始同居生活。剛開始，我們的生活很美滿，每天早上我都起來做早餐，因為我們的公司距離很近，也經常一同上下班，再一起去逛商場、買菜回家做飯，晚飯後就兩人窩在沙發裡看電視，日子相當甜蜜。

就這樣，不知不覺過了三年，身邊的朋友和親人開始催婚，要我們趕緊安定下來。只是我們已經在一起那麼長時間，很習慣這樣自由的日子，於是一直找藉口推辭。

畢業後第四年，我們都升職加薪了，工作也更加忙碌，不再一起上下班。通常都是他上班了，我還在被窩裡睡懶覺；等他下班了，我還在公司加班。即使週末假日也極少出門找樂子，大多都在家裡忙自己的事情。

時間一長，我心裡覺得很不踏實，像是缺少了什麼，雖然我對自己說，平平淡淡的日子才最安穩。

直到工作後的第六年，我已經二十九歲，眼看著就要邁入三十歲大關，與男朋友已經在一起十年了，年紀也老大不小，於是我便跟他商量結婚這件事。可是他表示相當安於現狀，一直不肯鬆口答應結婚。為了這件事，我們吵了將近一年，彼此都覺得很累，我也對他徹底寒了心，便選擇走上分手一途。

說真的，我和他在一起這麼多年，分手對我來說與離婚無異。我沒想到，我和他的結果竟然會是分手收尾，我實在想不通，到底是為什麼？請告訴我，到底是在哪裡出現問題？

我的回答：

李小姐，你們兩個人住在一起這麼久，最後卻無法走進婚姻，其中原因很簡單，主要是雙方生活在一起太久，對彼此的了解相當透澈，早就提前進入婚姻生活的平淡期，於是你的男朋友對婚姻也沒有太多渴望。

這意味著什麼呢？當我們遇到喜歡的人時，婚前同居的時間不應該太長。

對女方來說，選擇與男方同居一定要格外慎重，因為同居對女方比較不利，有些男方完全沒有責任心，同居後會不會願意負責？誰都不能保證。所以，想要擁有幸福的婚姻，想要留住最心愛的人？那就應該減少同居時間，彼此保留一些新鮮感，才能盡快修成正果。

案例三：因為任性曾誤解了愛我的人

趙小姐：「我嫁給一個木訥的男人，不過我覺得自己也有些任性。」

我與張浩結婚時已經三十多歲，他是個典型的鑽石王老五，而我是個大齡剩女。因為我們都已經不再年輕，所以相識沒多久便決定結婚，婚後也希望快點生個孩子。

後來，我如願懷孕。雖然工作繁忙，但張浩都會盡量抽空陪我。孩子出生後，他更把全部心思都放在工作上，還雇用了一個保母來照料我和孩子。

生完孩子兩個月後，我便回公司上班，下班後的所有時間都放在孩子身上。至於張浩都一直忙於工作，每次我問他多陪一陪我和孩子時，他就說現在更要努力工作，為我和孩子創造更加美好的生活。

就這樣，隨著孩子一天天長大，我對於張浩的表現，也越來越無法忍受。他從不抽空陪我和孩子，只知道給錢；他把時間都奉獻給工作，每天都加班到很晚，甚至連週末都在加班，偶爾在家也會躲在書房，忙著研究電腦。

我們之間聊最多的都是張浩的工作，他也很少問我和孩子的事，彷彿工作就是他人生的全部。因為他每天都工作到深夜，上床時我都已經睡著，我便以他半夜回來會打擾我睡覺的藉口要求分房睡，沒想到，他想都沒想就答應了。

分房睡的那段時間，我開始考慮要不要與張浩離婚。於是，我們每次相見，我都會忍不住找碴，剛開始他還會讓著我，反而我得寸進尺，漸漸的他也開始不耐煩。甚至每次吵完架，他就乾脆吃住都在公司裡，連續幾天不回家。

張浩不關心我、不在意我，不代表我就沒人關心、沒人在意。那時候我有一個男性單身友人阿勇，他一心一意陪著我，聽我傾訴心中的苦惱。於是，本來就對我有意思的阿勇，在我最難過、最脆弱的時候乘虛而入，我們在一次醉酒後意外發生了關係。我事後相當後悔，認為自己對不起這個家庭，但這都是張浩對我不聞不問造成的。

終於，我對張浩提出離婚的要求，他竟然當場愣住了，怒不可遏，也認為我不理解他、不支持他的事業，可是他從沒想過要結束這段婚姻，更何況我們還有一個三歲的兒子。

張浩並沒有馬上答應離婚，反而對我比以前熱情，只是我認為他只不過是想挽回他的面子與婚姻，根本不是為了挽留我。我還是持續的無理取鬧，最後他再怎麼不想離婚，還是同意了，協議兒子由他撫養。就這樣，我們結婚三年多就離婚。可是，離婚以後，我的生活並沒有如當初想像的發展。

的確，剛離婚那段時間我覺得很輕鬆，自由自在，可是我放不下兒子，幾乎每天都會打電話給保母問兒子的情況，偶爾張浩也會在一旁。他在電話裡很關心我，問我過得好不好，當時我覺得那只是禮貌性的問候，並不帶有任何感情。

離婚後，我和阿勇在一起了，只是他一直不肯開口求婚，他還說，兩個人一旦結了婚感覺就會不在了。

這讓我覺得十分無奈，只好向您的諮詢機構求助。在顧問的幫助下，我終於認清事實，明白張浩的好，非常感謝你們還幫助我和他成功復合；我終於了解，張浩雖然不浪漫，是個工作狂，但他努力奮鬥，盡可能賺更多錢給我和兒子過得更好，是真心想與我好好生活。現在的我，對此感到相當滿足。

我的回答：

趙小姐，恭喜您最後發現了真正的問題癥結，並且及時修正自己對另一半的認識。根據我們針對離婚族群的調查，幾乎所有離婚的夫妻在事後都會後悔，大多數人認為，如果不是當時雙方爭吵時過度衝動，他們最終都不會選擇走上離婚一途。

上海維情網路科技公司總經理舒心表示，對很多夫妻來說，離婚多是一時衝動下的結果。在經歷多年的平淡生活後，大多數婚姻禁不起波折，人們才會在一時的衝動下選擇離婚。

然而，離婚的重點並不在於離婚本身，而是夫妻雙方對於婚姻本身不同程度不滿的體現，是一種發洩的行為。不過，應該避免每次都為了發洩，而輕易提出結束婚姻的想法，否則即使再婚，也會走上離婚的老路。所以，不要把離婚視為無所謂，而是必須做出正確的選擇，找對伴侶，以免在婚後發生太多摩擦。

案例四：疑神疑鬼成為婚姻最大殺手

蘇小姐：「丈夫覺得我有疑心病，但我敢肯定，他有外遇！」

我與丈夫都是對方的初戀，我們在一起七年才走入婚姻。交往期間有一年多左右，我們各自住在不同的城市，但是感情並沒有因此受到影響。

婚後，他辭職到了我住的城市。剛開始，雖然生活過得很艱苦，但只要能在一起，我們就覺得非常幸福。如今，我們的經濟條件改善了，丈夫還是需要經常出差，每個月都有十天八天不在家。

我當然不希望丈夫經常出差，但這也是為了工作，只能盡量諒解。只是我很依賴他，希望他每天都要記得發訊息、打電話給我，說說這一天做了些什麼。一開始他都能做到，但是後來他卻開始感到厭煩，說是工作太忙，不可能無時無刻都想著我，也不再像以前那樣天天打電話、傳訊息了。

三個月前，我去電信公司調出丈夫的通聯紀錄，結果發現他經常聯繫一個陌生號碼，甚至比我們之間的聯繫還頻繁，這讓我相當生氣，便質問他。他回答，那只是工作上的合作夥伴，不和我說是因為怕我想太多。

後來，他確實與那個夥伴不再密切聯絡，可是我卻再也不相信他了。本來以為隨著時間過去，我會忘記這件事，繼續像從前那樣好好過日子，但是三個月後，我還是對此念念不忘，總會胡思亂想，他與那個人發展到什麼程度，他們是不是對彼此感興趣，對方會不會比我更好之類的事。

前段日子，他特地帶我一起出差，我發現他的確非常忙碌。但是那次陪他出差回來後，我還是忍不住猜疑，每天不斷打電話給他，問在做什麼，要多久才能回家。我的作法讓他越來越厭煩，直說我不信任他。他說，希望我能給他溫暖，而不是一次次的質疑與不信任。

我明白，這些質疑會讓彼此感情出現問題，但是我沒辦法不去猜想，請問您，我真的不知道自己該怎麼辦才好？

我的回答：

蘇小姐，你的丈夫如果只是偶爾出差，請他每天打電話給你，那還說得過去。但是你的丈夫經常出差，這種要求反而會造成他的壓力，覺得這是一種不信任的態度，怎麼可能會不反感呢？

他因為工作才和朋友密切聯繫，在你發現後，他為了不讓你疑神疑鬼也不再與其來往，甚至為了得到你的信任，還特地帶你去出差……透過這些舉動，你應該都能感受得到他的真心。

你丈夫的工作非常忙碌，如果你比較不忙，可以多發訊息表達思念之情，讓遠在外地的他感受到溫暖，想必他也會盡量抽空回覆。

畢竟你們已經在一起七年之久，應該相信彼此的感情，理解對方的辛苦，不能總是過於依賴，偶爾也應該讓你的丈夫依賴你，多給他一些關懷，不要總是猜忌。他不打電話給你，也許是因為太忙或忘記了，晚上你可以主動打電話聊聊快樂的事情，並且學會照顧自己，讓他人在外地也可以放心。

老是怨嘆遇不到對的人？

總之，在感情上無法遇到對的人不外乎以下六個原因。

原因一、經濟的分擔比例問題。因為雙方的經濟能力不同，金錢觀也不一樣，就會導致矛盾的出現。甚至可能在婚前就對此出現分歧，對家庭共同的生活支出和育兒支出的分擔比例存有矛盾。例如：有的男人希望夫妻財產共同支配，妻子則希望分開計算，以捍衛自己獨立的經濟地位；或者夫妻一方希望由父母參與共同撫養孩子，另一方則渴望獨立的生活空間，不希望父母介入。

原因二、原生家庭背景不同。雙方因為教養水準與成長環境不同，最終造成彼此個性的不合。在我們發現對方是錯的那個人時，這理由便經常被拿來說嘴。

原因三、溝通方式差異太大。溝通是我們與另一半維持感情的主要工具，因此雙方溝通的方式相當關鍵，如果一方喜歡大聲訓斥別人或說話過於直接，就會在對方心中留下陰影。一旦溝通不順暢，便很難保證婚姻關係可以長久的持續下去。

原因四、金錢觀與價值觀的衝突。兩個相愛的人，最好擁有相似的金錢觀和價值觀，這是保證雙方凝聚力的基礎，決定了未來能否在共組家庭後仍然同心協力，不會輕易出現裂痕，否則勢必帶來一連串的問題。

原因五、對父母的態度。如果你們各自都對彼此的父母表現歡迎和友善的態度，那麼彼此就能很快的融入；反之，則會讓整個家庭氛圍顯得尷尬。

原因六、生育觀念的差異。這個差異可以體現在許多問題上，首先，生孩子的時間上是否達成共識？如果你想三十歲前就生一個孩子，對方卻希望三十五歲以後才想要孩子，你會怎麼辦？其次，你們打算生幾個孩子，能否在婚前就取得共識？若是這兩個問題無法及早協商，就容易出現矛盾。最後，在孩子的教育上，你們的理念衝突有多大？換句話說，你們衝突越大，你就越難把對方視為那個「正確」的人。

當然，這六個原因不代表影響婚姻的全部因素，卻是我們選擇伴侶時必須考慮的幾個重要面向。情感和婚姻過於私人且牽涉廣、影響大，往往耗費一個人很大的精力。很多成功的企業家、公司高層與其他領域的成功人士也都認為，相較於工作，婚姻中的問題更難處理，也讓人頭疼。

這讓我們看清一個事實，婚姻是決定未來的重要關鍵，也是影響你在其他領域成敗的重要因素之一，尤其遇到錯的另一半，婚姻就成為一種折磨。

在我訪問過的五萬人當中，高達三至四成的男性成功者對當年的婚姻感到後悔，認為自己不應該倉促結婚，應該再等一等、看一看，直到選對伴侶。但我認為，這不過是一種理想主義的幻想，因為很多婚後的事情，並不是婚前就能預料得到。

我相信有不少人都曾在婚後感到懊惱：「好不容易結婚了，卻跟當初想的不一樣？」但即使這些人經歷過一段失敗的情感，面對下一次的婚姻時，還是一樣的盲目與衝動：無法肯定的告訴自己，對方是不是自己在苦苦尋找的那個人。

既然婚姻是影響人生的關鍵一步，那該如何遇到正確的人，讓對方成為自己的伴侶，避免出現可悲的結局呢？

正因為看到這麼多人因為同樣理由而後悔不已，我們在近年的培訓課程中加入婚姻的相關課程。

我認為，在漫長的一生中，一定隱藏著某些與選擇伴侶相關的原則。深入研究和了解這些原則是我們找到正確伴侶的關鍵，也是讓人生變得更加美好的課題，找到對的人才可以經營好自己的家庭，擁有幸福的人生。

◉找你愛的人，還是愛你的人？

我的諮詢顧問朱諾小姐曾跟我聊過一個故事。有次她下班回到家，一位很久沒有聯絡的哈佛校友突然打電話來，說自己遇上一點麻煩事，希望請她幫忙諮商、開導一下。朱諾說：「我本以為是經濟問題，沒想到是感情危機，而且聽起來讓人啼笑皆非。」

事情很簡單，朱諾的這位校友在畢業後愛上一個男人，全心投入愛情，論及婚嫁前，才意外發現男朋友早已經有家室。她為此感到非常痛苦，想知道接下來應該怎麼辦？

朱諾冷靜的說：「我親愛的同學，你還不趕快放手？」

「從大學畢業到現在，我已經愛了他整整七年！我放不下他，你根本不知道我們的情況。」校友說。

朱諾勸她：「你瘋了不成，他已經結婚多年，孩子今年都十幾歲了，你這樣做又是何必呢？為什麼要犧牲自己未來的幸福？」

校友疾呼：「可是我真的很愛他，無法割捨，這麼多日子以來，日日夜夜，我無時無刻不在思念他，目前的工作也是因為他才去做。」

朱諾說：「即使這樣，不是你的就不是你的，千萬不要奢望一個已經有家室的男人會為你做些什麼，這對任何女人都沒有好處。何況那個男人從頭到尾都在欺騙你，這樣的人值得信任嗎？你為什麼這麼傻呢？」

校友在電話中哭著說：「沒關係，我可以等他。他肯定會看到我的真心。」

朱諾說：「這種男人的話你也信？也許他只是敷衍你！」

校友反駁：「不會的，他才不是這種人。」

聊到這裡，朱諾已經明白，這位校友並不是尋求她的開導，而是希望獲得支持，希望有人能夠認同這份愛情，抒發情緒，並且繼續堅持當初的決定；這位校友要一直愛下去，因為她已經認定，那個男人就是這輩子在尋找的最愛。

當朱諾跟我講述這件事時，其實非常感慨。這位校友為何對一個已婚、有小孩的男人如此放不下，執念這麼深？明明身邊還有很多優秀的未婚男人對她表達愛慕之意，這些男人又何嘗不是愛了好幾年？為何校友就是放不下，不能專心於當下呢？如果一個人總是盲目追求根本不會有結果的感情，那他的愛情觀一定有問題，也很難找到可以為他帶來幸福的伴侶。

面對感情你怎麼選擇？

在感情中，先墜入愛河的那一個人總是付出最多。因此，「嫁一個愛你的男人，比嫁一個你愛的男人強多了」，這句話是有其道理的，雖然我們會向學員分享這個觀念，但並非倡議要刻意這麼做，而是順其自然。

當許多女性遇上愛情的選擇題時，我們常聽到上述這句話，往往也會獲得認同。一個愛你的男人會將你視若珍寶，將你放在心上，因為他愛你。愛你的男人會重視你的每一句話，為你做的一切，只為換你一抹笑顏。

我身邊有位女性朋友嫁了愛她的男人，男人很寵她，只要能讓這位朋友高興，幾乎有求必應。那時候，身邊所有人都很羨慕她如此幸福。

當有人問她過得如何？她聽到這個問題後，卻表現出不屑一顧的神情，「我和我老公之間沒有愛情，也談不上有多深的感情，可是就耐不住他愛我啊！不管我做什麼，他都不會在意。有時候我都想試試，他對我的底線是什麼。」

儘管她只是在開玩笑，卻讓我聽了百感交集。此生能遇上一個如此寵愛，將她捧在手裡怕摔了、含在嘴裡怕化了，且寬容至極的男人，實在太不容易了。但這位朋友卻身在福中不知福，想要試探對方的底線，真所謂得了便宜還賣乖。

不過，生活中能夠選擇「愛自己的男人」的女人還是比較少，更多女人傾向於去選擇那個「自己愛的男人」。她們認為，得不到的永遠最好，這樣的執念越來越深，就越發執著的追求，結果導致被愛的那個男人跑掉，獨留執念深重、滿腔哀怨的女人在原地守候。

別被愛情蒙蔽雙眼

在現實世界中，愛情有時會令人盲目，有些女人則太過執著。

這句話是說給全世界女人聽的，因為女人在選擇愛人時，習慣性的憑藉感性做決定，以內心的感覺進行判斷，而不是理智的分析那個人是否適合自己。有一些女人在愛情中非常主動，拚命想嫁給一個自己愛的男人。誠如一句老話所說的：「人太主動，就不值錢了。倒貼上去的，別人就更不珍惜了。」可是總有很多人喜歡為別人奉獻自己的愛，而不願意接受別人的愛。

心理學上對此情形的解釋為：當我們奉獻愛給別人的過程，會讓人產生強烈的價值感。

舉例來說，有個女生帶男友去見自己的朋友，讓他穿著親自選購的衣物，見到朋友後說：「看到了嗎？他從頭到腳這一身名牌都是我買的。帥吧？」

哪怕你沒見過這個女生，但從話語中想必都能感受到她的得意。若是換個角度來看，在這樣的情景下聽到自己女友這樣說，男生肯定不開心，不僅讓他很沒面子，自尊也會受到傷害。如果有一天這男生離開分手了，也不足為奇。

價值觀是婚姻生活的基礎

「價值觀」影響著人的一生；因此在尋找人生伴侶時，務必要先了解彼此的價值觀是否相似，再考慮是否結婚。現實生活中，很多人擇偶時往往過分看重對方的經濟條件，而忽略了價值觀的重要性，一旦甜蜜期過後，價值觀的差異與衝突屢屢發生，最終可能導致婚姻的不幸。

最近幾年來，繼「閃婚」後，「閃離」的現象也頻繁的出現在社會上。曾有媒體採訪了許多離婚的夫妻，為什麼選擇離婚？得到的答案不外乎個性不合，甚至有網友在線上票選「離婚的原因」，結果出來，個性不合位居榜首。

在這個世界上，沒有人十全十美，每個人的性格本來就不同，更不可能找到一個能夠百分之百符合你理想對象的人？不少人認為，結婚要找個性相似的人，卻忘了有些人是因為愛而包容對方。

婚後才發現一切都不一樣

婚姻是很神聖的終生承諾，既然決定結為夫妻，就應該做好一切準備、患難與共。為什麼許多人總在婚後才高喊：「婚姻跟我想的不一樣！」理想和現實本來就有很大落差，追根究柢，許多失敗的婚姻就在於雙方的價值觀不同。講得更白話一點，就是不了解對方的價值觀，甚至並不認同另一半的想法。

價值觀的養成深受個人成長的家庭與社會所影響，因此，即使你能遇上一位有相同工作、教育背景的人，彼此的價值觀也未必相同。

在婚姻中，價值觀的重要性遠甚於工作上。試想一下，若同事之間價值觀不同，但還是可以互相配合，只要把工作做好就可以，哪怕彼此有成見也無傷大雅；但若是婚姻中面臨價值觀的差異或衝突，結果可是家庭面臨破裂的危機，代價極高。

有位黃女士，從小生活在富裕的家庭中，她與家裡開早餐店的男友相戀兩年，雙方論及婚嫁，還未走入婚姻殿堂前，黃女士的母親曾詢問過女兒，是否認定這個男人為終身伴侶。

黃女士與未來的丈夫是自由戀愛，愛得濃烈，自然點頭。黃女士的母親說：「你們兩個人的成長背景天差地遠，你婚後一定會很辛苦。」黃女士當時不以為然，認為母親只是捨不得自己出嫁。直到黃女士的孩子出生後，她才領悟到，婚前母親用心良苦的忠告。

一開始，為了要幫孩子添購物品，夫妻倆開始頻繁吵架。黃女士嫌丈夫太小氣，連買點東西給自己孩子都捨不得；丈夫則怪黃女士花錢太大方，喜歡買貴的東西，不懂得節省。

這些爭執的主因不外乎兩人的成長背景差異太大，一個家裡經濟好，從小都不需要擔心錢的問題，喜歡什麼就買什麼；另一半的家裡比較節儉，平常喜歡什麼也要等到生日或特定節日才去買。長期下來，黃女士與丈夫之間的矛盾與衝突，越演越烈。

因為金錢觀的差異而導致夫妻失和，這種例子實在太多了，若是爭執越來越多，其中一方失去理性，後果就嚴重了，甚至會開始懊惱，「早知如此，談戀愛時就應該先弄清楚對方的價值觀。」這句話不完全是對的，因為雙方肯定是有了一定了解，才會有好感，最後走在一起，認真說，他們只是對彼此了解得不夠透徹罷了！

那怎麼辦？有句話說：「夫妻床頭吵、床尾和。」這可不是隨便說說當口號，還要去實踐才行。

以黃女士為例，她不能再像婚前那樣隨心所欲，而是買東西前主動和丈夫商量，理解對方的心思，說出心裡的顧慮，像是「這衣服的品質很好，雖然貴一點，可是孩子喜歡鬧著要，要不要買一件呢？」在這樣的情況下，相信做丈夫的稍作猶豫便會答應，態度也會與以前有一百八十度大轉變，「嗯，的確有點貴。偶爾買一件還好，畢竟孩子喜歡。那就買吧！」

因為成長背景不同，黃女士和丈夫對教養的態度也有很大差異。例如：黃女士的丈夫認為，孩子不能太寵，要什麼給什麼，否則不但不懂得珍惜，還會從小養成浪費的習慣。但是，適當的獎勵很重要，也要同時讓孩子知道這些東西得來不易。

黃女士後來才知道，原來丈夫不能接受的是，她買東西時不先商量，這種行為就像強買強賣，強迫自己接受她的價值觀。所幸後來黃女士改變溝通方式，主動與丈夫討論，成功化解婚姻危機，兩人的關係也獲得改善，一家人和樂融融。

沒有人的價值觀是一樣的，尤其在婚姻生活中，更不可以強迫對方接受自己的觀念，而是要維持感情，經過磨合後彼此達成共識；在家庭生活中，彼此尊重對方應有的私人空間和時間，這樣婚姻才能走得長久。

◉能承擔起對家庭的責任

如果一個人對家庭沒有責任心，不論是男人還是女人，你都不能把對方列為未來伴侶的選項，在婚姻中，「責任心」永遠排在第一位，就像獲利永遠是公司追求的第一要件。

在多年的諮詢工作中，我們在世界各地累積了上萬個案例，並且針對責任心這個話題進行長期分析，結果發現大部分伴侶發生情感危機的重要因素之一，就是「有一方失去了對家庭的責任心」；因為對家庭不負責任，對另一半漠不關心，或者對共同的生活失去了熱情，造成雙方感情破裂的結果。

由此可知，判斷一個人是否適合成為伴侶時，要把責任感列入考慮。如果這一點就不合格了，那麼不論對方在其他方面表現多麼優異，都不值得你投入下半生。唯有雙方同時具備強烈的責任心，並且熱愛家庭，才可能從此過著幸福快樂的生活。

案例一：奉子成婚的另一半愛玩成性

劉小姐：「怎樣讓我那個愛玩的丈夫回家？」

我們經過兩年的熱戀，後來奉子成婚。就像大多數情侶一樣，剛結婚時，老公對我的關懷無微不至，我覺得自己很幸福，身邊的親朋好友也都說我嫁了個好老公。

然而好景不長，孩子出生後不久，我因為工作較忙，只好請婆婆幫忙照顧孩子。老公也開始整天跟朋友在外面交際應酬，不到半夜都見不到人影。我們談過很多次，但是都沒有用，他還是我行我素，每天都要晚上十二點後才回家。

我私下問了老公的朋友，他確實都是和男性友人一起出去喝酒，就算事實如此，我還是很沒有安全感。

每次他在外面玩的時候，我總會忍不住打電話，逼問他到底在哪裡，跟誰在一起、做什麼，什麼時候才回來……我知道他對我這種作法越來越不耐煩，可是我也沒辦法，不想直到有一天感情出問題，影響到家庭和孩子。我不知道接下來該怎麼跟老公生活？該怎麼做才能讓愛玩的老公安分回家？

我的回答：

劉小姐，看完你的信後，我有一個問題：你的老公難道不需要上班嗎？每天和朋友玩到半夜才回家，第二天怎麼會有精力工作呢？我想，你老公的經濟條件應該不錯，從他的行為中，完全看不到一位身為父親所應該承擔的責任。

當然，出身好並不是他的錯。你們這一代很多都是獨生子女，很多男人雖然身體已經成熟，心智卻不成熟，他們的心智年齡並沒有隨著時間而增長，加上你們是倉促奉子成婚，可見你老公根本沒有做好結婚的準備，甚至不知道婚後該有什麼樣的角色要改變。形式上的婚姻無法阻止他愛自由、愛玩的那顆心，也無法讓他迅速成長，反而更想要自由和放鬆的時間。

我相信，你老公的收入應該不錯，唯有優渥的經濟條件，才讓他有時間和精力去玩。另外，他並沒有做好為人夫、為人父的準備，建議你可以給他一些時間去適應現在的身分。最後，你應該多注意一下小孩子的教育，不能因為工作忙就把孩子交給爺爺奶奶照顧，除了無法增進親子之間的感情，對孩子的性格也會產生不利影響。

最重要的是，你要讓老公認知自己應有的責任和義務。

為了改變你目前的狀況，建議從現在開始，就先把小孩接回家，讓丈夫參與家庭事務。孩子這時期的成長變化非常快，一天一個模樣，從長牙、爬行到喊出爸媽，再到走路、跑步，一點一滴都要你們一起親自參與，不僅能讓他對家產生歸屬感，也能使他盡早體認肩負起父親應負的責任。

同時，你也應該努力多抽時間陪伴孩子和丈夫，享受家庭生活帶給你的幸福。只有夫妻兩人共同努力，你們的家庭才會圓滿，老公才不會一直在外面玩，貪圖自由。

最後，希望你能從我的回答中得到啟發，透過自己的努力，讓丈夫早日明白身為一個老公、一個父親應盡的責任。在此之前，還是希望你可以耐心等待和做好準備。

案例二：熬到老公出頭，卻回不去了

陳小姐：「老公幾年不回家，我真後悔當初的選擇！」

我和老公婚後平靜的度過了二十多個年頭，直到有一天，他離開了這個家。當我找到他時，他卻告訴我不想回去了。幾番追問他才鬆口，想去追求自己嚮往的生活，重新換一種方式生活，還順勢提出離婚的要求。面對突如其來的這一切，我都被搞暈了，我當然不願意離婚，但是老公真的沒有再回來，至今已經兩年了。

我的老公向來努力工作，也獲得不錯的職位和收入，他雖然把薪水資料交給我，但是我並不了解他的其他事。

最讓我失望的是，當我如此相信老公愛我和兒子時，他卻拋棄了我們。在我生活最艱難的時候，他對我們母子依然不顧不理，與當年那個顧家、愛家的男人形成強烈對比，這讓我相當困惑不解。我始終不明白，為什麼他會變這樣？

我不了解是什麼原因導致一個女人被另一半厭煩，我冷靜的思考，到底自己犯了什麼無可挽回的大錯，讓他做出這麼重大的決定。

我自認為，雖然已年滿四十，卻仍然注重保養，出席相關活動也會合宜的化妝打扮，並非邋遢。我與公婆也沒有意見分歧，雖然是分開生活，但我會定時買禮物給他們，逢年過節時也不忘祝賀。就算是老家有事的時候，我也從未阻攔過老公寄錢回家。再者我平時買衣服，一個月就一兩件，也不算浪費，所以我認為不會是這個理由。

為了多照顧家裡，我的工作不會太過勞累，這些都是為了能讓他在工作上更專心，為他分憂。

我承認，我的脾氣有點壞、愛撒嬌，可是我只是想和他多相處一會兒。我想過很多可能原因，怎麼也找不到造成如今局面的根源，我們的婚姻走到這步田地到底是為什麼？

我的回答：

陳小姐，雖然你們夫妻一起經歷過生活上的種種困難，你一直在背後支持老公，但當他成功後終究會有一些變化，而你還是像以前一樣在背後守護，並沒有自我成長，只是默默等他回頭，卻沒認清他開始謀求改變，心中也產生新的人生目標。

感情的問題很難分清對錯，但你們對人生、對婚姻的看法，可能會隨著時間而改變。你的老公經過十多年的磨難後，已經改變過去的生活觀念，你卻仍堅持當年的理念，企圖憑藉過去的經歷和一如以往的真心企圖挽回他，但事實上，他對你的愛已經因為成功的事業而不復存在，甚至他曾對你產生的內疚，也在失聯的這兩年時間中消散了。

也許，你意識到婚姻危機，並嘗試著努力改變現狀，但如果漫長的等待也改變不了什麼，無法挽回他的愛，那不如就此放手。如果他願意「淨身出戶」，那你可以順勢與他和平分手。既然他已經不能再給你幸福，何不換個角度看待這段婚姻，以全新的生活態度去追求自己新的歸宿。

遠離把工作當藉口的人

在這些案例中，有些人老是把工作當藉口，把忽略對家庭的照顧合理化，在我們看來，這種人就不適合成為你的終身伴侶。

有位被妻子掃地出門的證券公司員工曾經感嘆：「我當初應該多分擔一些家務，因為這就是我們離婚的理由之一。前妻說她很後悔，還說如果早知道我是個懶人，絕不會嫁給我！」

在許多雙薪家庭中，家務問題已經成為伴侶之間常出現衝突，乃至分手的重要因素之一。我們建議，不要強迫對方做家務，而是要以一種雙方都能接受的方式來共同分擔，從中體會到對於家庭責任的重要性。

很多過來人用他們的經驗分享，要讓對方心甘情願分擔家庭義務，最好有一套明確的「協定」。

也就是說，即使是夫妻，還是要明確討論必須分擔某項家務的理由、形式，再開始執行，這樣才能減少爭議。一開始就做好協定工作，反覆溝通，消除疑問，並獲得彼此的認可，此舉相當有助於夫妻共同建立深度信任關係。

◉創業夫妻檔怎麼成功

人生就像開公司，想成功就要成長；夫妻之間的相處共事也是。「創業夫妻檔」無非是許多人最期盼的夢幻組合，雖然乍聽會以為是傳統的家族企業，但在現代企業中，也有其一席之地，但前提是你必須找到一位合適的「親密搭檔」。

價值觀相同，個性又互補

就像遊戲公司盛大網路創辦人陳天橋，他的妻子雒芊芊是公司管理的高手，也是丈夫重要的左右手。擔任盛大集團執行董事的雒芊芊，外貌出眾，畢業於中國金融學院，獲得國際投資專業學士學位之後，曾到其他企業擔任專案經理。一九九九年盛大公司一創立，她便辭去原來的工作，轉任盛大董事，此後也擔任過公司多個重要職務。

在公司運籌帷幄，雒芊芊是另一半的得力助手；回到家中，她也是一個賢慧的妻子，許多熟識的朋友都覺得他們夫妻郎才女貌，是名副其實的「黃金拍檔」。陳天橋每天都要參加各種會議、談判活動。而妻子便負責管理公司的內部事務，因為員工都比較年輕，也將她當朋友一般，暱稱她「芊芊」。

無論是員工過生日，還是生小孩，陳天橋都會抽空打電話問候，員工們都說，老闆會這麼細心，都是因為老闆娘的提醒。

在面對媒體時，雒芊芊向來低調，也不願意接受採訪，位居幕後默默付出。了解她的人都明白，這位聰明賢慧的女子，是陳天橋打拚事業時的重要幫手。更重要的是，他們夫妻倆不但價值觀相同，而且妻子的個性溫婉，與老公能言善道、愛表現的性格剛好互補。

在婚姻中，我們需要和另一半各司其職。在這方面，陽光媒體、紅岩資本創辦人吳征與他的妻子楊瀾就做得很好，是共同創業卻各司其職的典範之一。

只是楊瀾和吳征兩個人的結合比較特殊，他們都是彼此的二婚。對此，楊瀾曾說：「愛情不需要太過理智，想要結婚時就去結婚，想要孩子就生孩子，無須顧慮太多。」只不過，楊瀾的婚姻遠遠沒有她說的那樣平凡，她與吳征兩個人不光是伴侶，更是事業上的好搭檔。

二〇〇〇年，楊瀾和吳征共同創辦了「陽光文化」，楊瀾的身價一度飆升到了十四億港幣。在提到他們夫妻如何在事業上分工合作時，吳征表示，他的主要工作是資本操作和管理，妻子則負責設計。

「我們的想法和觀點都很相近，有共通性，又各有優點，能夠互補對方的缺點，所以才能搭檔配合，一起創業。」吳征認為，能遇見楊瀾是這一生的幸運，正因為有了另一半的幫助，他才能這麼成功。

與另一半成為一體

除了這些例證，我們要再次強調伴侶在背後支持的重要性：

首先，無論你的事業有多大，工作多有成就，管理的員工再多，你每天仍然需要拿出時間和另一半交流，對方是你的半邊天，也是人生中最重要的另一半。沒有愛人的支持，你可能什麼事都做不成。

第二，不管我們有多出色，都無法左右和改變所有的事情。總有一些情況是我們意想不到，也無能為力的。最終能無怨無悔伸出援手的，就是你的另一半。

切記這一點：在這個世界上，只有你的伴侶和你真正是一體的！

作法篇：蜜雪兒．歐巴馬怎麼做

在人生中的許多重要時刻，親密伴侶「發達的大腦」會是你的一大助力，讓你獲得幫助，增加自身競爭力。

提供你另一個視角

對此，奧美加拿大分公司的市場總監巴倫就有深刻體會，他在一次培訓合作時對我說：「我最感謝我的妻子，如果沒有她，我可能早在十年前就變成一名每天只操心衣食住行的送水工人。她鼓勵我不要被現實擊倒，讓我重新奮發、激起鬥志；她發現我的優點，幫我制定工作規畫；她每天陪在我身邊，讓我只花兩年時間就從一名超市送水工人變成奧美廣告公司的重要一員。」

還有個眾所周知的例子，美國前總統歐巴馬的賢內助蜜雪兒，她運用自己聰明的頭腦，在競選時期得體的表現為歐巴馬贏得許多女性選票，她在民主黨大會上的激情演說更讓整場氛圍達到高潮，感動了許多人！甚至在歐巴馬的任內，為他加分不少。

伴侶往往能夠不遺餘力的提供他（她）的智慧，幫助我們分析現實處境，制定一些實用的計畫，提供我們另一種視角；只要你找對人的話，否則我們遇上任何問題，都離不開另一半為我們幫忙想策略、找解答。

願意在經濟上支持你

每個男人在經營事業的過程中，都少不了賢內助的支持，甚至許多成功男人的背後，總是站著一個默默籌集資金、而自己卻縮衣節食的偉大女人。很少人在創業之初就擁有雄厚資本，很多創業資金需要另一半和自己一起籌集，甚至需要對方獨自奉獻。

當你在人生中遇到一位願意提供經濟支援，並且深愛著你的人時，還猶豫什麼呢？也許她並不是你最愛的人；但這正是我想要強調的，這樣的人可能比任何人都適合與你結合。

就像蜜雪兒，她擁有自己的專業與事業，經濟能力不下於歐巴馬，除了是芝加哥大學醫療中心副董事長，還身兼六家機構董事職位。可是她卻將家庭放在第一位！在歐巴馬競選總統時，她甚至辭去原先的職務，全心投入為丈夫助選。

你遇到這樣愛你的人了嗎？

在這些年，我公司所整理研究的許多案例中，證明了什麼樣的愛人才最可靠，就是即使沒有金錢、沒有資源，也會陪你一起吃苦，共同籌措事業所需資金的人。如果你遇到了這樣的人，千萬不要放手。

一加一大於二

人脈資源除了靠自己去開拓，還可以透過自己的另一半來獲得，對方可能有很多朋友，正好是你需要的；對方也可能有些不同的管道，能夠在重要的事情上助你一臂之力。

也就是說，每個人都有不同的人脈圈，當兩個人的人脈資源結合在一起時，往往會發揮出你所意想不到的效果，甚至有一加一大於二的影響力。

例如在二〇〇四年，美國伊利諾州聯邦參議員民主黨初選時，歐巴馬競選成功是因為當時獲得芝加哥商界領袖的大力支持，背後少不了蜜雪兒的運作幫忙。蜜雪兒與那些商界領袖交情不淺，這在歐巴馬競選時發揮了很大作用，可以說是她為丈夫鋪好了一條大道，只等他走上去就可以了。

為你打造一個溫暖的家

一個男人最大的財富，便是一個溫暖的家，也是人生的避風港，讓打拚的男人無後顧之憂，不管成功或失意，都有一個地方可以傾訴。

每個成功男人的背後都有一個偉大的女人，如同前述，歐巴馬的從政路上，與妻子蜜雪兒的傾力相助密不可分。值得注意的是，擁有自己事業的蜜雪兒並不是個工作狂，公務再繁忙，她也會抽空陪伴照顧丈夫與女兒。歐巴馬完全不需要擔心太多，只需要一路往前，因為他知道，蜜雪兒就在他的身後，還有整個家庭都為他提供支援。

我的合夥人史密斯剛加入我的公司工作時，曾分享過一個小故事。

那時候公司創業維艱，我和他每天拚命的節省支出，從早晨六點工作到淩晨一兩點。不管多疲累，史密斯每天半夜都會開車回到位於郊區的家，當他悄悄進入家門，打算在客廳的沙發上小睡一會兒時，會發現妻子已經起身到廚房為他熱湯，接著端出熱騰騰的宵夜，輕撫他的背，問今天累不累，叮囑他要多休息，然後在一旁看著他吃完東西，再上床休息。

「每天都是如此，從未間斷。」史密斯感慨的說：「我最想跟她說的一句話就是『謝謝你』，我對她的愛與日俱增，這輩子註定與她相依相守。」

為什麼一件很普通的小事，卻讓史密斯如此感動？

因為在現實生活中，當一個人的事業遇到低谷時，另一半卻沒有怨言，始終默默支持，並用家庭的溫暖當後盾的人實在太少了。很多人都曾向我反映，當他們加班忙完工作回到家，希望好好休息一下，妻子的回應往往是滿腔怒火和滿腹牢騷，而不是一個溫暖的港灣。

任何人都無法孤軍奮戰，也不是萬能，什麼事都能做得到，所以更需要伴侶的支持。若是在思想、眼光和視野上，對方擁有得天獨厚的優勢，能夠與我們互補，更能成為事業上的好幫手。

Part 2

內圈人脈：關係又好又懂你

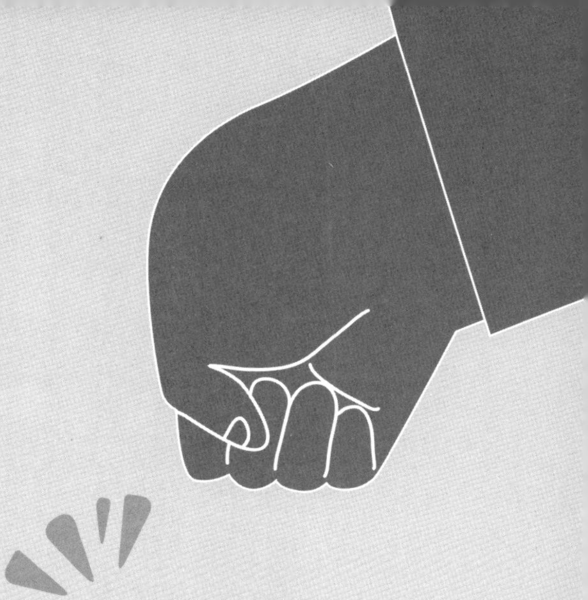

人就等同於門路。
我們想做一件事、想創業、想進步，
都需要一個人來指路，幫你避開湍急的河流，
讓你平安的走過去。

Chapter 3

那些年，一起追夢的同學

◎同學，關係學裡的第一把鑰匙

貝林斯頓在波士頓的市郊小鎮創辦了一家公司「同學會」，同時註冊成立一個社交網站，幫人們在此聯絡當年的同學，找回美好的過去。他告訴我，現代人賺錢越來越困難，生存也越來越不容易，看似迎來好時機，實際上卻舉步維艱。

為什麼？並不是我們的機會變少了，事實恰恰相反，機會越來越多，只是大部分人既沒有想法，也沒有人脈。追究其因在於他們沒有信得過的人，甚至早在年輕時就沒打好這個基礎。他們活到三十歲時才發現過去一片空白，就像踩在雲彩上，完全沒有根基。下面就是兩個特別現實的問題：

問題一、沒有門路？

我們想做一件事、想創業、想進步，都需要一個人來指路，幫你避開湍急的河流，讓你平安的走過去，這就是門路。

表面上是一條「路」，本質上是在講「人」。也就是說，人就等同於門路。想想許多一起上學念書的老同學，不就是構成現在我們的重要部分。而這些人，是否就是門路？

問題二、找不到夥伴？

所謂的「夥伴」關係，通常比同學關係更為深厚，因為同窗學習時間比較短暫，畢業後各奔東西，有了各自的事業和家庭，彼此的聯繫更少。但夥伴關係則是一種較為持久穩定，且有一些利益關係的友誼。

每個人都想有兩三個長久相處、互助的同伴，可以在生活和工作上彼此扶持。例如，大學畢業後一起創業的朋友，便算是夥伴；從學生時代就認識的死黨，進了社會仍保持聯繫，互相幫助交流而成為密友，這種人也是一種夥伴。

我們的一生都離不開夥伴。在女人眼中，這種親密夥伴就是閨密；在男人眼中，夥伴則更像是哥兒們。

上學時最容易交到新朋友，而在學生時代的心思單純，沒有太多功利和複雜想法，大多年輕熱情、積極向上，對未來充滿美好想像。這些美好的理想成為我們共同的目標，在一起熱情的討論與爭論，坦承自己的內心世界，既了解對方，也讓對方了解我們。這種狀態很容易讓我們對同學的性格、愛好和脾氣有深入了解，可以迅速建立朋友關係，並從中找到未來的夥伴。

同學變同行

當兩個人未來的發展方向不同時，例如不同的研究興趣和工作領域，那麼建立交集就成為極其重要的事情。

假如十年後的某一天，你遇到一位當年關係不錯的老同學，發現你們在同一座城市工作，這很幸運，不是嗎？只是他目前從事科學研究工作，而你卻是娛樂新聞的記者，兩個人的工作看似八竿子也打不著，井水不犯河水，那要怎麼重新建立連結呢？答案就是找到雙方的交集。

先建立交集再深化交往

面對這種情況，你不妨這樣想：雖然彼此的工作領域不同，但可以尋找其他焦點，像是你們是否都擁有進取心且正在奮鬥中？你們對未來的態度是否都是積極的？你們是否遇到相似的困惑或產生某些相同的想法，不論是家庭生活或感情問題？只要有其中一個項目吻合，你們之間就有了「交集」。

這就是建立連結的切入點，即使你們在學生時代交情一般也不要緊，因為現在你們擁有了新的起點。你可以主動加深彼此交往的程度，經常與他溝通，找到共同話題。倘若對方是個凡事都很熱心的人，那事情更好辦，雙方更容易建立更深一層的關係，把過去的同學關係變成夥伴關係。

在運用上述方法時，還應採取另一種方法：以點帶面，擴大交往。這就是從一個人開始，延伸出二級和三級人脈，以擴大交往的範圍。舉例來說，過去與這個老同學要好的同學，現在和這個老同學要好的同事、朋友等，都能慢慢進入你的社交圈，從中加以取捨，進行有針對性的交往。

有人告訴我，他們在學生時代不太受人注目，覺得現在要利用同學關係有很大難度，自己交往的範圍也很有限。

事實上，你大可不必受限於過去的經驗，而讓自己的想法變得消極。因為每個人在踏入社會後，都會發生比較大的變化，絕大多數的人會受到社會的洗禮，受到不同的磨練，而改變過去的個性。這就是為什麼很多學生時代不起眼的人在畢業後，卻能大放異彩的原因；也有人在學校是風雲人物，畢業工作後卻沒沒無聞。

還有一點要說明，如果多與同學及其二、三級關係人建立聯繫，我們的交際圈就會越來越大。當人們在進入社會後，都懂得人脈資源的重要性，人人都渴望與老同學（及其關係人）建立聯繫，從中獲得機會。所以，有時候我們即使與完全陌生的人（例如同學的關係人）也能相處得很好，甚至關係好得超過了中間人（同學）。

同校、同好更能建立好關係

一九三五年，赫赫有名的畫家吳冠中在好友朱德群的指點下，成為被譽為「畫家誕生之地」的杭州藝專一員，認識了畫家趙無極，彼此相識恨晚。師出同門又先後赴法國學習，被喻為繪畫界的「留法三劍客」，三人逾半世紀的交情，也傳為佳話。

在中國，有所謂的「七八級」生、「七八」現象；係指一九「七八」年恢復高考後的首批大學生，他們大多已成為社會中流砥柱，在社會各領域的佼佼者很多。其中，最知名的是北京電影學院畢業的「中國第五代導演」陳凱歌、田壯壯、李少紅、胡玫，還有攝影系的張藝謀與顧長衛等人，都是北影七八級畢業生。

同時期，中央音樂學院在當年也有一批音樂人才。例如全球知名的音樂家譚盾，在這年拿了一把小提琴，奏響了一首樂曲，成了中央音樂學院作曲系七八級的一員，與譚盾一同學習的同學有：周龍、張麗達、陳其鋼、陳怡、劉索拉、郭文景、瞿小松，以及參與《末代皇帝》獲得奧斯卡最佳原創音樂獎的蘇聰，他也是中國首獲奧斯卡獎項的人。

其中，身兼作曲家與作家身分的劉索拉，便曾經在自己書中寫道：「在那種極度癡迷於音樂的環境中，你別無選擇，一定會成為其中一員。」

室友、老同學都成為創業夥伴

一九六七年，微軟創辦人比爾．蓋茲被雙親送到西雅圖的湖濱中學，他與同班的保羅．艾倫結為好友。六年以後，蓋茲被哈佛大學錄取，他在這裡結識室友史蒂夫．鮑爾默，艾倫和鮑爾默後來都成為蓋茲創立微軟公司的得力助手。

進入哈佛大學三年後，蓋茲提出退學申請，與艾倫共同成立微軟公司，那時候他們才二十出頭。在蓋茲的勸說下，鮑爾默也加入微軟公司，甚至成為公司的首席執行長。

一九九八年秋天，馬化騰與張志東成立了如今赫赫有名的騰訊公司，之後又陸續有三位股東加入，他們是陳一丹、許晨曄和曾李青。這些創始股東中，張志東、陳一丹、許晨曄都是馬化騰的同學，他們共同形成了騰訊公司有名的「四輪驅動」模式，成就了一番事業。

◉從最容易聯絡的同學開始

從小一起長大的夥伴和同學的力量到底有多強大，從上述的例子中我們已經得到見證。

但是，如何開始找回同學的力量，才是實戰的第一步。畢竟我們不能拿著畢業紀念冊挑來挑去，或隨機打個電話，盲目的行動是行不通的，要有理性的計畫，要走進他們的世界，認真尋找彼此的交集，才能擦出火花。

我的建議就是，不論你從事什麼行業，都應從最容易聯絡的同學開始。

首先，評估一下這些同學們的聯絡難易度，同時衡量一下這些人與你的熟悉度，找出難度較低的人來。

其次，與他們建立聯繫、創造出交集後，再從他們開始擴大你的交往範圍，與他們的同學和關係人製造更多的交集，直到搭建一個由同學關係串聯起來的社交平台，為你的人生產生助力。

從玩伴到夥伴

我有位相識多年的朋友胡先生，他年輕時曾在日本和韓國工作，什麼工作都做過，也曾經經濟拮据到租不起房間，只能睡在天橋底下與流浪漢為伍。但二十年後，他成為美國加州柏克萊地區一家傳媒公司的主管，薪水優渥，還有長達三個月的有薪年假，經常在中國和美國之間飛來飛去，是人們眼中的成功人士。

胡先生說：「我六歲的時候就被父母帶到日本，經過半年的適應期後，我認為，自己的事業隨之就開始了。當同學們還在學校玩耍時，我已經被迫思考往後該為自己的人生做好準備，應該如何讓自己生存下去。」

回憶起那段時光，胡先生印象最深的是八歲左右認識的幾個玩伴，還有同在華人學校讀書的孩子。他自十八歲開始做生意，擺攤賣衣服，也收過廢棄物賣給資源回收公司。其實這些工作都是他從小就與同伴們一起做的，只不過長大後，他把生意做大了，從小攤販變成服裝批發公司的老闆，還在韓國擁有了自己的房子。

當年那些同伴中，仍有幾位持續參與他的生意，他們一起成長也見證了彼此的成長，提供必要的幫助，共度人生中的難關。

後來，胡先生去了美國，投身廣告傳媒事業。他的老朋友們也各自發展，小有成就，但他們始終保持聯繫，每年都會見上兩三次面，交流和溝通彼此的近況，有人遇到困難時，大家都會主動伸出援手，不求回報的幫助有困難的人度過難關。

至今，胡先生去日本和韓國出差時，仍會帶很多速食麵去送給那些老朋友，因為這是他們小時候最常一起吃的「美食」。把童年的記憶當作禮物，也是他們的兒時約定：「不管將來誰飛黃騰達了，一定要多買些速食麵請客！」

對此，他笑言，儘管速食麵的保存期很長，但朋友們都還是捨不得吃，都放在家裡過期了。因為他們都認為，這是幾十年友情的見證，值得留存，也比吃進肚子裡好。

老同學也是工作上重要的資源

我們這一生都需要和同學打好關係，這是建立社交關係的第一步。同學是我們不可缺少的資源，尤其在畢業後，大家都希望碰到有力的老同學，如果缺乏他們的幫忙，很多事情就辦不成。

有首電影老歌是這樣唱的：「睡在我上鋪的兄弟，無聲無息的你，你曾經問我的那些問題，如今再沒人問起，分給我菸抽的兄弟，分給我快樂的往昔……」這首歌曲道盡了同學之間的動人情誼。

許多人們也不時會這樣感嘆：「年年歲歲花相似，歲歲年年人不同。一出校門，我們就各奔東西，在茫茫人海中再次相遇，不知我們還能不能認出彼此。」性格開朗的小張自大學畢業後，到了北京工作。工作之餘，他幾乎把全部的精力都用在維持以工作為重心的人脈圈。

前些日子，公司有個客戶一直談不下來，回到租屋處，小張躺在床上，盤算計畫著明天要如何應對。然而，小張費盡心思想出的許多辦法，都被那家公司的主管打了回票。

這一天，小張一籌莫展的來到這位重要客戶的公司總部，希望能有機會直接與這位主管面對面說明，苦苦等了兩個小時，仍然不得其門而入。眼看就要絕望之際，小張還在想怎麼回去向老闆交代，突然肩膀被人重重拍了一下：「嘿，小張！你怎麼在這？」

小張回頭一看，驚訝的發現對方竟然是自己的大學同學小劉，「你沒忘記我吧，以前念書常常吃飯排隊時候，都是你幫我占位置呢！走，今天我請你吃飯！」小劉開心的說。

小張苦笑著說：「老同學，我恐怕沒時間和你一起吃飯，我還在這裡等客戶簽合約呢！對了，你怎麼在這裡？」

「我在這兒工作啊！」小劉笑道，一邊接過他手中的合約看了看，「我以為是什麼重要合約呢，交給我，別耽誤我們吃飯。」只見小劉拿著那份合約，就走向公司主管的辦公室，隨後笑咪咪的走出來遞上合約。

原來小劉恰好在這家公司工作，和那位主管的關係很不錯，更確切的說，小劉的部門與那位主管的部門有許多業務關係，於是對方賣給他幾分面子。

原本棘手的事情這麼簡單就解決了。對此，小張感激之餘也不禁感嘆：「忙碌緊張了幾十天，比不上老同學的一句話。」

小張這才發現，老同學是自己最好的資源，很多時候都是自己用工作忙碌的藉口而疏於聯絡。如果他早想到調查一下在該公司的同學資源，可能早就談成這次的合作計畫。

昔日壞同學，可能毀掉你的事業

同樣是同學關係，也分好壞。好同學會對你的事業產生強大的助力，壞同學則可能會毀掉你的事業。

小李是一家公司的業務代表，工作勤懇，兢兢業業。在一次拓展業務時，他發現公司的業務主管居然是自己的老同學小周。小李想起上學時，由於小周的家境比較不好，他曾經找碴嘲笑過對方。沒想到，小周現在居然發展得比自己還好，最後這筆本來很看好的業務也沒有談成。

想起這件事，小李總會忍不住嘆息：「悔不當初！」他連開口的機會都沒有，小周一看是他，壓根就不想搭理。

一定要珍惜你身邊的每一個同學，不要留下遺憾的種子。你在過去珍惜了這層關係，它就會在你的心裡生根發芽，開花結果，你的手上也會留有餘香。

有一群出色的小同伴和同學，並維繫好彼此關係，對我們有何重要意義呢？

我的老友胡先生說：「我覺得能在一起玩當然很好，但更關鍵的是在玩的過程中建立友情，找到共同的興趣和目標。大家從小玩到大，等長大以後，你才會發現原來自己已經累積了這麼多寶貴的人脈資源。他們和你的感情相當深刻，真的稱得上能為對方兩肋插刀，而且不管你想做什麼，遇到什麼問題，一定有人可以幫助你。」

◉被傷害了怎麼辦

你曾經報復過「傷害」你的同學嗎？你曾經對有過節的同學咬牙切齒嗎？

朱朱和王珺在大學時的關係就不好，經常互看不順眼。據朱朱回憶，有一次她穿了一條漂亮裙子，室友們都羨慕得不得了，只有下鋪的王珺漠不關心，看都不看一眼，還悄悄在這條裙子抹上一些墨水，怎麼也洗不掉。兩人因此結下「不解之仇」，不給對方好臉色，一有機會就互相報復，直到畢業也不見雙方消除仇怨。

為了報復無所不用其極

大學畢業後，朱朱到了北京工作，進入一家大型國營企業。幾個月後，她驚訝的看到王珺也進入這家企業，還被分配到跟她同部門。偏偏兩人又有業務上的交集，必須互相配合協調才能完成工作；朱朱不禁感嘆，真是造化弄人。

其實，某個角度來看，這是一個很好的和解契機，但朱朱想的卻是：「報仇的機會來了，我一定要給她好看！」於是她在工作中處處刁難王珺，利用職位之便找王珺麻煩，害對方延誤專案進度，受到主管的責難。

王珺打了幾次電話給朱朱，要約她出去談談，還用哀求的口氣請她原諒，希望看在老同學份上，照顧一下自己。但朱朱總是冷笑著拒絕，還開心的把這事講給同事聽：「你看，她向我求饒了吧，早知今日，何必當初呢！」

在同事鄙視的眼神中，朱朱並沒有因此收斂，而是變本加厲。後來公司安排她們一同參與某個重要專案，朱朱故技重施，「成功」陷害了王珺。但這次朱朱就沒那麼走運了，在主管追究責任時，身邊的同事站出來指證朱朱的所作所為。

主管勃然大怒：「你不用待在總公司了，馬上調職到新疆的分公司！」

最後朱朱被調去烏魯木齊的分公司，月薪降了足足三分之一，只是她此時此刻才意識到，這件事是自己搞砸的，但已經後悔莫及。

這就是可怕的報復心帶來的後果，傷害同學關係的同時，也使公司利益受損，對自己更沒有好處。

當你對過去同學間的一些瑣碎小事不能忘懷時，記得換位思考一下，他是不是也和我一樣咬牙切齒呢？在對方眼中，我的責任和錯誤是什麼？誠心把對方當作一面鏡子，檢視自己的行為與過錯，或許就不會再有報復心理了。

理性面對過去的不愉快

人們難免有些時刻會對人事充滿報復的欲望，所謂的「報復心理」是我們在交往中，企圖攻擊那些曾經帶給自己傷害或不愉快的人，並以此發洩內心不滿的一種情緒。這當然是一種不健康的心理狀態，不僅會對報復的人事造成傷害，也對自己的心理健康有害。因此，你一定要保持警惕，當可怕的報復心開始滋生時，不能讓它綁架了自己的思想和意識。

要正確的對待同學帶給你的傷害或者不愉快，寬容的看待自己和同學在學校中產生的摩擦。我們走入社會後，身處在更為複雜的環境中，與他人交往時，更不可能完全沒有利害衝突，難道你要每次都採取極端的、針鋒相對的手段嗎？如果你總是以牙還牙、加倍奉還，那此生肯定活在痛苦之中，無法自拔。

當你和別人發生衝突後，別總記著「不愉快」的部分，也不要衝動的想「我得報復他」。不妨換位思考，站在對方的角度，想一想若發生在自己身上會怎麼處理，可能你會因此看到完全不一樣的東西，知道自己應該採取什麼態度。

對待舊日的仇怨與曾經不和的朋友、同學或同事，最好的態度是笑一笑，多一些理解，而不是像深仇大恨般始終放不下，非要讓對方付出代價才肯罷休。

培養寬容的心與遠見

此外，我們還要多考慮一下報復對他人造成的危害。舉例來說：在學校的報復行為，是不是會受到老師、同學和家長的譴責？在社會中的報復行為，會不會導致意想不到的可怕後果，觸犯公司的規章制度，甚至違反法律？

如果朱朱早點意識到這些，想清楚這點，她在公司與王珺重逢後，就不會發生那麼多事情了。或許她們會一笑泯恩仇，彼此成為很好的同事與朋友，讓自己在公司多一個戰友，這樣做才有利於事業發展。

杜絕報復心理的根本便是讓自己變得寬容，心胸不要太狹隘，別讓自己受到衝動情緒的影響，不要動輒就指責、批評，甚至報復打擊別人。

這些都與一個人的自身修養有關，必須從小培養，打開自己的心胸，不短視有遠見，經常告訴自己：凡事多一點寬容，也許多年後會有意外收穫或回報。

◉能化解尷尬是種力量

在人與人交往的過程中，難免出現尷尬場面，讓人進退兩難。像是難得的同學會上，有些同學意外相見，新仇舊怨一次爆發，突然發洩出來，把現場氣氛搞得一團糟，其他人面面相覷，不知道如何是好。

這種時候，通常你會怎麼做？事不關己閃得遠遠，還是站出來當個和事佬？其實若是你有能力能夠適時打個圓場，給當事人們一個台階下，也能從中展現個人獨一無二的魅力，讓同學們留下好印象。

在過去，若是鄰里之間有所衝突，就會請有名望的地方耆老長輩為大家主持公道。這位長輩必須是兩家都共同敬重的，這樣一來，就能緩和兩家的衝突。

用輕鬆話題給對方台階下

想當和事佬、打圓場，這個角色長久以往，都得是有名望、有分量的人來擔當。到了現代的打圓場，這個角色更像是一種人際關係潤滑劑的角色，在社交場合很受人歡迎。

有一次，著名演員新鳳霞和她的丈夫辦了一場「敬老晚宴」。當時已經九十多歲的畫家齊白石也在看護的陪伴下前來參加，是當天的座上貴賓。只是齊白石的年紀大了，說起話來叨叨絮絮，卻童心未泯，做出很多超出常理的行為。只見他拉著新鳳霞的手坐下，然後眼睛便一眨也不眨的盯著看，十幾秒鐘，也沒有收手的意思。

齊白石的看護反而有點看不下去，不禁生氣的說道：「老先生，您幹嘛直盯著人家看！」

齊白石也有些生氣的回說：「我都這一大把年紀了，怎麼就不能看她？她長得很好看啊！」這席話讓在座的每個人都覺得有趣卻很尷尬。

但新鳳霞卻不以為意的笑了笑，對齊白石說：「沒關係，老先生，我的職業是演員，就是給人看的。」聽到這番妙答，在場的每個人都笑了，尷尬的氣氛也瞬間緩解。新鳳霞巧妙的替人解了圍，以自己是演員為由讓齊白石找到一個台階下，也讓自己得到眾人的尊重。

適度開個玩笑

在我們日常的人際交往過程中，如果因為某些敏感話題把氛圍弄得相當尷尬，影響雙方交流時，就需要一個人站出來轉移話題，或是開點玩笑，緩和現場氣氛。就像偶爾見到兩個好朋友或同學為了某個問題爭吵不休，這時你就可以在適當的時候開個輕鬆的玩笑，轉移雙方焦點，讓兩人的情緒平復一下。

在某大學的同學會上，大家因為畢業多年重聚，覺得格外親切，聊得很投機。突然間，有位男同學對另一位女同學開玩笑說：「你以前那麼猛烈的追求我，現在對我還有感覺嗎？」

雖然在這種場合說這些話並不恰當，但開開玩笑還無傷大雅。只是這位女同學因為個人因素，當時心情很差，並沒有想太多，反而氣憤的怒罵男同學說：「你這個人是不是有病？我什麼時候追過你！」

這段話讓在場的每一個人都感到很驚訝，原本熱鬧的場面，一下子變得尷尬無比。此時，有一位女同學突然站了起來，對著發脾氣的女同學說：「你的臭脾氣怎麼都沒有變，怎麼喜歡誰就老說人家有病呢？」

這一席話，讓現場的同學不禁想起大學時期的美好時光，不由自主的討論起來，也互相開起對方的玩笑，尷尬的氣氛就在這個玩笑中獲得緩解。

而這位出來調解氣氛的女同學，展現出過人的交際能力，相信她的人際關係一定很不錯，也很受歡迎。她表現出了幾項特質：

首先是能判斷形勢，有著清醒的頭腦和敏銳的判斷力。當空氣凝結，大家都愣住時，她馬上感覺到氣氛的變化，知道需要有人出來說點什麼，否則局勢可能鬧僵，大家不歡而散。

其次，她是個有勇氣、有擔當的女孩。眾人都在猶豫、觀望甚至看熱鬧，她能鼓起勇氣站出來承擔這個打圓場的重任，說明她不但有勇氣，也為雙方的關係著想，讓大家都有一個台階下。

第三，這展現出她優秀的表達能力。根據雙方對話，她能在那麼短的時間內，馬上就想出解決辦法，僅用一句話就輕鬆化尷尬於無形，讓每個人都會心的笑出來，這點非常不容易。

打圓場有多重要

人跟人相處應該學會變通和互相理解，不能總是太過固執，否則就會有難以緩和的尷尬局面出現。如果順著對方的意思開個無傷大雅的玩笑，讓對方自討沒趣，這樣就能起到很好的作用。

不僅是在同學之間，在同事之間打圓場的功夫也很重要。某家公司的張經理，因為個人因素導致公司業務虧損，於是高層扣除該部門所有員工的獎金，部門內的其他員工都相當氣憤，覺得是張經理的個人疏失，卻讓整個部門的員工連坐受罰，覺得忿忿不平。張經理在公司的處境，也瞬間變得相當尷尬。

這時候同部門的小李站了出來，告訴同事：「張經理在受主管責罵時，還為大家爭辯、護著同事們，希望上級能夠只處罰他一個人，不要牽連大家。」同部門的員工聽完這些話，知道張經理的作為，對他的怨氣也消了一大半。小李繼續說道，其實因為自己的事情讓同事受到拖累，張經理感到相當愧疚，還揚言要在以後想辦法把大家的獎金賺回來。

看到同事們不再像剛才那樣氣憤，小李才接著又說：「這次的錯誤，雖然主要是張經理造成，但是我們每個人也都無法切割，真的很希望大家能夠體諒張經理，想必他也是很難受，現在最重要的是，我們應該一起把業務做得更好。」聽完這番話，同事們也不再對張經理充滿負面情緒。

實際上站出來說這些話並不是小李的工作，但是他卻幫助了張經理，也讓張經理減輕很大的心理負擔。等張經理又提出了新的解決方案，大家的熱情再次被點燃，之前的不愉快和尷尬都煙消雲散。

過程中，小李的調解角色相當重要，而張經理也從此對小李另眼相待。所以說，學會為別人打圓場，在適當的時候幫助別人，有一天也可以對自己未來的工作帶來有利影響。

簡而言之，很多時候你幫助別人就等於幫助自己，可以讓自己得到更多人的尊重，人們會對你的個人修養也更加敬佩，自然也能吸引更多朋友。

作法篇：微笑的力量

人際關係學大師戴爾．卡內基曾經說過：「如同太陽能夠穿過烏雲，帶給人們溫暖一樣，笑容能照亮所有看到它的人。」微笑是世界上最美的表情，是人際交往中最好的名片，一個真誠的微笑勝過千言萬語。無論是初次見面，還是相識已久，微笑都能拉近人與人之間的距離，讓彼此倍感溫暖。

員工的微笑，是最低成本的投資

誠如世界知名的希爾頓連鎖飯店創辦人康拉德．希爾頓的一段話：「如果我的旅館只有一流的服務，而沒有一流的微笑服務的話，那就像一家永遠陰暗潮濕的旅館，沒有任何的情趣可言。」

事實上，許多美國企業和公司的經理寧可雇用沒有傲人學歷，卻擁有甜美笑容的女孩，也不願意聘請名校畢業卻表情冰冷的博士生。還有一家日本公司為此特意研發出一個為員工微笑打分數的軟體，要求不合格的人進行修正。

微笑，是一種最低成本的投資，基本上不花一毛錢，僅僅以面部肌肉的變化，就能讓你得到很多好處。笑容如同太陽，可以融化堅冰。很多爭得面紅耳赤的人，會因一個小小的微笑而握手言和；互不相讓、僵持不下的談判雙方，會因為一個微笑妥協進而達成最終協定。

用一個微笑，換一個朋友

二十世紀初的世界鋼鐵大王安德魯．卡內基，就是一個善於用微笑來征服他人的典型人物。有一次，他參加一場大型宴會，聽到一位平常就對他不友善、有偏見的商人正在對他大肆抨擊。一般人遇上這種情況，可能立馬就火大了，但卡內基並沒有當場指責那位商人，他只是靜靜的站在人群裡，聽那位商人一一指出他的缺點予以攻擊。

直到宴會主人發現了人群中的卡內基，也只能尷尬的站在原地，唯恐這位貴賓按捺不住衝上台去，生怕這場宴會成為兩人的戰場。但卡內基的表現卻出乎主人的意料，他還是一臉安詳的站在原處聽著，並且在那個抨擊他的商人發現時，還回應了一個淺淺的微笑，同時遞上了一杯酒來掩飾對方的尷尬。

第二天，那個抨擊他的商人因為羞愧，竟然親自登門道歉，期望得到卡內基的原諒時，卡內基也不吝以微笑作為答案，與對方成為好朋友。此後，卡內基得到了那個商人的諸多讚美，稱讚他是一個非常善良且寬容的人。

有這樣一副對聯：「眼前一笑皆知己，舉座全無礙目人。」這就告訴了大家一個簡單的道理：沒有哪個人能夠拒絕別人的微笑。哪怕是兇神惡煞，在面對他人的微笑時也會覺得內心溫暖，願意與之相交。如果你總是微笑待人，別人就會更樂於與你交往，這樣你的人脈圈也會越來越大。

Chapter 4

擴大社交圈，非靠朋友不可

◉數一數你有多少好朋友

在某次課程中，我們進行了一場「數朋友練習」的實驗，參與的課程學員共有二十個人，每四人隨機分成一組。我請他們馬上在規定時間內統計出自己的好朋友數量，並把結果公布在黑板上，接著寫上自己當前的收入區間，然後畫出一條對比曲線，我們從中發現數量與收入的對比關係，並將其結果記錄在機構的資料庫中。

朋友數量與收入正相關

第一組參加的學員，資料如下。

哈利——朋友數量：九個；好朋友數量：兩個；年均收入：兩萬五千美元。

湯姆——朋友數量：十七個；好朋友數量：四個；年均收入：四萬兩千美元。

麥克——朋友數量：二十五個；好朋友數量：六個；年均收入：七萬美元。

休斯——朋友數量：八十個以上；好朋友數量：十一個；年均收入：二十萬美元以上。

從對比資料中可以看到，隨著朋友和好朋友的數量增多，年均收入也呈現上升的趨勢。在我們分析這些學員的工作時，也驚訝的發現，工作性質與朋友數量也存在一種正向的關係，亦即：工作越好，好朋友越多，收入也就越高。

哈利是個超市送貨員，已有八年工作經驗，性格很和善也受人歡迎，但他平時接觸的人不超過二十個，因此朋友數量只能在十個人上下浮動，好朋友也只有兩個人。

他的收入勉強維持生活，每年最多攢下兩千美元左右的存款。在這種狀態中，哈利認為自己和家人根本生不起病，一旦身體有恙，就得向朋友借錢。此時他才發現，身邊的好朋友也和自己一樣，根本拿不出多餘的錢來幫忙周轉。

湯姆的情況比哈利好一些。他在一家廣告公司擔任業務員，只工作五年，但業績還不錯。因為職業的緣故，他的社交圈雖然較大，但職位卻讓他的朋友還不是太多，稱得上好朋友的也只有四個人。他對目前狀況雖不太滿意，但也無力改變。就像他說的：「我可能要做一輩子業務員了。」

至於收入方面，湯姆的年薪足以負擔家庭開支，但他和家人沒有多餘的年假，也拿不出錢出國旅遊。平常週末放假，他只能和家人一起待在二十五坪的房子裡，看看電視，或到附近免費公共場所活動。對我們而言，這算是一個幸福而知足的家庭。

麥克的狀況比前述兩位好很多，除了朋友數量增加，他的年收入也增加了約三萬美元。反應在他的生活品質上，幾乎整整提高了一個層次。

但與休斯這種朋友眾多、收入高達二十萬美元的人相比，麥克更不算什麼。休斯就是那種從朋友資源中受益匪淺的人，他甚至說不清自己到底有多少朋友，因為實在數量太多。當我們請教他一年有多少次聚會時，他只是給了一個大概的數字：「一年至少有三、四十次吧！」

好朋友？壞朋友？

其實，每個人都需要朋友，但朋友又有益友和損友之分，就像孔子曾經說過：「益者三友，損者三友；友直，友諒，友多聞，益矣；友便辟，友善柔，友便佞，損矣。」並不是每個朋友都能為我們帶來正能量，結交朋友時，我們要有以下幾點認知：

第一，多積累對自身有益的朋友。

什麼是對我們有益的朋友？他們喜歡講真話，願意對你講真話；他們個性寬厚，能在恰當的時候體諒與原諒別人的失誤、錯誤；他們見識廣、知識淵博，能在知識和學習的層面提供你幫助，而不是把你拉到和他一樣低的層次。

第二，遠離對自身無益甚至有害的朋友。

對於「有害」的朋友，人們有各自的標準。例如：有位紐約客曾說，不肯借錢給他的人就是壞朋友，一旦朋友不願意借錢，他就發誓跟對方絕交；還有些人把與自己有不同意見的人稱為壞朋友，恨不得馬上與對方斷絕關係。

但在我看來，對自身無益而有害的朋友大體可分為三種：第一種人軟硬不吃，有些特殊的偏見，不經意間就認定你得罪他，而且不肯原諒你；第二種人則是特別軟弱和依賴性強，他們缺乏主見，對你一味迎合，完全提不出有益的建議，也不能堅持正確的意見；第三種人是那些擅長拍馬屁的傢伙，這些人通常成事不足、敗事有餘，和他們交往完全沒有任何好處可言。

第三，遠離不寬容和有不良嗜好的朋友。

不寬容的人心胸狹窄，稍有不順遂就怪罪於他人。而且這種人總會對你有所要求，一旦你在情感上或物質上無法滿足他，你們之間的友情可能就立刻走到盡頭。就像前述的那位紐約客，只要朋友不肯借錢，他就和對方翻臉，視對方為敵人。

這類人往往還具有軟弱的個性和很強的依賴性，與他們長期交往肯定會讓你感到疲憊不堪，倘若你流露出讓他們自己做決定的想法，鼓勵他們表達自己的主見，他們可能就會認定你拋棄了他們，或斷定你背叛了雙方的友情。

至於那些有「特殊嗜好」的朋友，諸如吸毒、賭博等壞毛病，我們更應該遠離他們，因為這些「嗜好」對任何人來說，都是有百害而無一利，一旦你和這樣的人成為朋友，也可能也會染上這些不良嗜好。

總之，在我們的生活中，朋友其實並不是越多越好，重要的是多交益友，不交損友，才能從朋友身上學到真正的知識，明白實用的道理，舉凡如何為人處世和怎樣從自己身邊的環境中汲取積極的力量等等。

你也是好朋友的「好朋友」？

最後，我想留給大家思考的一個問題是：「你也是最要好那位朋友的『最好朋友』嗎？」好好想一想這個問題，你會對朋友產生不一樣的理解，並知道自己的問題出在什麼地方。

以我自己為例，對這個問題就有很深刻的體會。在香港工作期間，我曾經和一位姓孫的同事關係很好。我們在同一個部門，每天一起跑業務、見客戶和應酬，又租在同一棟公寓。有一次，我在經濟上遇到一個大困難，也還沒到公司的發薪日，便想向孫先生借一些錢度過難關。

「孫先生，我暫時遇到一些困難。你現在有兩千港幣嗎？可否借我急用，過兩個星期就還給你。」我開口借錢時，其實信心滿滿，因為「我認為」孫先生是我最要好的朋友。交情這麼好的哥兒們，他一定不會拒絕我，甚至不會有絲毫的猶豫就馬上借錢給我。

開口之際，我在腦海中還浮現了一幅美好的畫面：孫先生用最快速度把錢領出來交到我手上，告訴我愛用多久就多久，沒有還錢期限。

但是，事實非常殘酷。結果當然孫先生沒有借錢給我，跟我的關係還變淡了。他並沒有當我是他最好的朋友，只是一個普通的同事。後來，我從事公關領域的工作後，就時常反思這件事，並開始思考一些問題。

- 我們是什麼時候開始誤以為自己跟某一個人是朋友，甚至是最好的朋友？
- 我們知道自己人生中最好的朋友到底是誰嗎？
- 我們為什麼對於一些無法確定的模糊關係，卻表現得過於樂觀？
- 我們如何確認哪些人是自己的好朋友，甚至是最好的朋友？

這四個問題所代表的就是對朋友的認知。你必須具備這樣的理性認知，數一數、測一測自己到底有多少朋友。或者說，把你視為朋友的人究竟有幾個？解決了這個問題，跨過了這個階段，我們才能談到如何鞏固朋友關係，並結交更多的好朋友。

你和朋友都聊什麼？

聊天是朋友之間交往常見的活動之一，也是非常關鍵的溝通方式。但是你可曾想過，平時和朋友聚會、打電話時，你們都喜歡聊些什麼呢？

互相抱怨取暖，一事無成

凱文剛從加州州立大學畢業，他原本就成績不太好、天資又較為平庸，因此不免在工作中跌跌撞撞，經常滿腹牢騷。他覺得工作上沒有什麼前途，但是也不知道該如何化解這種情緒。

所幸凱文有不少朋友，平時聚會聊天時，他就向朋友訴苦，和他們聊工作，聊生活，也聊未來。但轉眼間幾個月過去了，他發現沒有任何朋友提出有幫助的建議，甚至和他一樣悲觀的人也大有人在。

凱文說：「今天上司又罵我了，我從他的辦公室出來，門還沒關上，他就在裡面嘲笑我是一無是處的笨蛋、蠢貨。」

朋友哈克接著說：「哦，我的老闆也總是這樣說我。」

凱文聽完更加鬱悶，直到他三十歲生日時，都已經工作八年了，仍是一名普通職員，事業上完全沒有進展，前途沒有希望。其實凱文一直相當渴望能有個人開導他，為他指明方向，哪怕不能解決問題，適當的安慰他一下也可以，但這幾年下來，他都沒遇到這樣的人。

朋友之間的聊天真的這麼重要嗎？很多人一開始都沒有意識到這個問題，他們總是習慣性的與朋友隨意聊天，沒有刻意和朋友共同分擔彼此的負面情緒，並且互相鼓勵和督促。

在你感到沮喪時，有沒有人替你打開一盞明燈呢？在你和朋友聊天時，你們聊最多的又是什麼呢？你要好好想一想這些問題，這對你的未來非常重要；同時你也要尋找那些在聊天中表現「積極」的朋友，他們對你的人生也同樣重要！

積極的朋友圈是成長加速器

某個電視頻道曾製播一系列成功企業家的訪談節目，當天受訪的王政坐在皮製的沙發上，臉上掛著微笑，看著對面的主持人，四周坐滿的觀眾都是來自名校的大學生。

主持人根據事先準備好的問題依次提問，例如他的經營理念，曾經遇過的困難，以及對未來的憧憬與發展方向等。就像我們平時在電視上看到的眾多採訪類節目一樣，談的全是一些「高大上」的話題。

在訪談接近尾聲的時候，觀眾們可以自由提問。有位帶著一臉稚氣的年輕大學生站起來，禮貌性的打過招呼後，便問了王政一個似乎和整個採訪主題沒什麼關係的問題。

「請問王總，您的工作這麼忙，平時都和朋友聊些什麼呢？」

聽到這個問題，王政善意的一笑，反問那位大學生：「請問這位同學，你平常都和自己的朋友聊些什麼呢？」

這位同學沒想到會被反問，先是一愣，隨即有些靦腆的回答：「聊些彼此都感興趣的事。」

王政聽了，點點頭說道：「其實我和你們一樣，我也有很多朋友，我們在一起的時候也聊一些大家興趣相投的事。物以類聚，人以群分，沒有相同點，怎麼可能成為朋友呢？我們平時都很忙碌，為了有時間見面溝通，就約定每個月都要聚會一次。大家一起交流最近的經營狀況、遇到的困難和問題，有時候自己一個人想不通的事，往往透過別人提點兩句就會豁然開朗，這對一位經營者來說是非常重要的溝通與分享。」從上述答案中，不難看出王政非常喜歡這個問題，還毫無保留的分享自己過去的經歷和感觸給台下的年輕人聽。

王政也曾和在座的大學生一樣，是個青澀青年，在一次同學會上，有位同學無意中說出未來某個行業或許會很快崛起。說者無心，聽者有意，王政隨即虛心向那位同學請教了很多相關的問題。之後，他又做了很多考察研究，覺得那位同學說的很有道理，提早一步入行，成為這個行業的開拓者。

隨著事業的不斷擴大，王政的朋友圈也越來越大，但是他並沒有忘記初衷，還是固定和朋友們聚會，談論最近的市場行情，分析未來的趨勢，交流彼此的經驗，互相切磋。也因此，王政的事業越做越成功。

說完這段話，王政發現台下的大學生們都一臉茫然，於是他笑著，略帶調侃的說道：「可能我們聊的那些話題看似枯燥無味，但真正體會其中的意義後，你才能嘗到比蜜糖還甜的味道。請同學們記住這句話——資訊是需要交流和傳遞的，並且被合理運用後，才會產生相應價值。」

王政的話讓同學們如夢初醒，他的話音剛落，台下便響起如雷般的掌聲。因為他們這時才意識到，原來朋友圈也分很多種，我們需要的是那些可以進行積極交流的朋友，從中獲得有益的資訊，來促使自己成長和成功。

忙著應酬交往反而迷失

小麗出生在一個普通的工人家庭，畢業後和交往多年的男朋友同居，但是換了工作後的小麗卻狀況頻傳。

「小麗！看看你現在成了什麼鬼樣子！」當小麗在淩晨三點醉醺醺的回到家時，男朋友再一次忍不住斥責起來。

「我怎麼了？」小麗一把推開男朋友伸過來的手，「我覺得自己現在很好啊，每天不但可以痛快的玩，還能鞏固客戶關係，我這樣做也是為了自己的事業！」

「你那叫什麼事業？小麗，我不求什麼大富大貴，只想和你平平淡淡過日子，不好嗎？」男朋友顯得很憤怒，深呼吸一口氣後，原先氣到了極點反而平靜下來，「我真的不喜歡你的那群朋友。每天除了討論去哪吃喝玩樂，還有什麼年輕人應該有的打拚樣子嗎？這樣下去早晚只是浪費你們的青春，最後連你的事業也賠進去。」

在這之前，小麗曾經為了讓男朋友也能融入她的朋友圈，刻意在一次聚會中帶著男朋友前去。她沒想到，整晚下來只見他都板著張臉坐在角落裡悶不吭聲，最後更是甩手離開。這讓她在朋友面前很沒面子，索性她再也不找他去，徹底讓自己與男友隔離在兩個不同的世界中。

「我不認為自己有什麼不對，以後你少管我！」小麗醉意襲來，說完便回房間睡覺。

當她醒來的時候，男朋友早已經離開，手機裡有一則新收到的未讀訊息，是她男朋友發來的，言簡意賅，只有三個字——分手吧！

沒了男友的約束，小麗更加放任自己，過著看似瀟灑的生活，她口中所謂的客戶群也日益壯大，但是心裡頭卻是空蕩蕩的，像是缺少了什麼。又過了一段時間，不管她如何努力，業績始終無法突破，只停留在某個較低層級，每個月的收入甚至還不如以前上班的時候。而且她發現很多親友也逐漸疏遠，大家不再像以前那麼親密。

晚上安靜的時候，小麗看著鏡中那個「豔麗」的自己，不禁也有些疑惑：她這樣生活真的是對的嗎？如果是對的，那為什麼熱鬧過後，卻覺得如此寂寞？她選擇的那些朋友是對的嗎？如果是對的，那又為什麼覺得自己為此失去了最重要的人呢？同時，她也失去了一份相當不錯的工作。

這時，她才開始問自己：「是什麼造成的呢？」

什麼是高品質聊天內容？

其實，這正是聊天內容對於朋友關係的形塑，也對我們造成潛移默化的影響。像是王政先生與朋友之間聊的都是積極向上、理性的話題，自然而然就對他的事業形成強而有力的幫助。

高品質的朋友圈就會擁有高品質的「聊天」；相對的，低品質的朋友圈就像小麗的朋友一樣，只能提供一種負面能量。小麗和那些所謂的朋友聊的都是些庸俗內容，最終影響了她的人生，繞了一段彎路，也付出不小的代價。

由此可見，我們和朋友一起聊天的內容，對我們影響很大。對此，我們要意識到以下兩點：

第一，你必須明白的是，現今的社交模式已經改變。

以前和朋友往來，沒事打個電話，相約逛逛街、踢一場球。面對面的交往是一種常態，因此互相聊的話題也多會比較有重點，很少離題。朋友之間，即便不見面，也能聞其聲。

如今已經進入互聯網時代，特別是像即時通訊軟體LINE、微信等社交工具普及後，社交模式發生了革命性的顛覆。例如我們每天都在玩手機，也常常打開LINE、微信或其他社交工具，與朋友們天南地北的瞎聊。這種時候，彼此聊的話題往往就會脫離嚴肅積極的範疇，甚至產生意想不到的負面作用。

根據我多年的調查，很多人走上歧路，都是由於在網路上聽信一些「朋友」的建議，而做出錯誤的選擇，採取不正確的行動。網路上聊天都是不用負責任的，因此聊天話題大多十分大膽，敢於突破自己的心理關卡，不用顧慮面子。這時我們可能聽到逆耳忠言，但更可能聽到的則是不負責任的「糊弄」。

其次，應該和朋友多聊一些積極的話題。最好的「聊天」是傾聽彼此的不快，互相打氣與鼓勵。就像王政所做的，他透過朋友資源為自己提供積極的力量，解決生活和工作中的問題，從而幫助自己指明方向，不斷修正，減少犯錯，成為自己成功的助力。

如果雙方總在討論如何報復同事、詆毀上司，那麼這樣的朋友就不合格。這種朋友非但不能提供積極態度，反而會改變你人生的「走勢」，讓你未來走上歧路。相對的，如果你在聊天中總是消極沮喪，打擊朋友的士氣，或者總是拉攏朋友追求享樂，朋友也會漸漸遠離你，越來越少。

◎金錢對友情是種考驗

我記得在一次電視節目中，某位知名的節目主持人說了一句非常經典的話：「想知道你有多少真正的朋友嗎？就看在你緊急危難時，有多少人願意借你錢！」這話說得很實在，這個方法通常也很有效。真正的朋友，往往就是沒有前提下隨時可以借給你錢的人。反之，你就得重新衡量一下原先自以為的友情之中，是否摻雜了其他東西。

在某種程度上來說，金錢是對友情的一種考驗。它既考驗你和對方是不是朋友，也考驗你如何處理金錢和朋友的關係——你是把金錢，還是把朋友擺在第一位？這個認知多少會影響你這一生能交到多少朋友，也會影響你的人生品質。

真正的友情不是恩情

王平從來沒想過自己也有被資遣的一天。他的老家在農村，父母都是農民，靠著一畝三分地供他上大學，飛出了那個小農村，成為一個讓人羨慕的城市人。

大學畢業後，王平進入一家大型企業工作，認識了自己的妻子，兩人順理成章的交往、結婚生子。只是平淡的生活了幾年後，公司突然大舉裁員，王平夫妻雙雙失業了。

突然間夫妻同時頓失收入，對一個家庭經濟來說相當糟糕。看著正在讀書的女兒認真寫著作業，王平鬱悶得一口又一口的抽著菸。當時為了結婚，他貸款買了新房，每個月都要還不少貸款，而且為了讓遠在老家的父母不要操心，他每個月都會省吃儉用，寄點錢給父母，並告訴他們自己過得很好。可這突如其來的打擊，讓正值壯年的王平一夜之間就蒼老了好幾歲。

王平盤算著自己沒有什麼一技之長，又到了這種尷尬的年紀，很多單位都不願錄用他。看著做起清潔家政婦工作，每天早出晚歸的妻子，這天王平重重吸了一口菸，起身走出家門。一出門，他就接到一通電話，那一頭是他的大學同窗韓陽，跟他商量起同學會的事。此時的王平哪有心思，就客氣的予以婉拒。

韓陽聽出王平語氣不似平常，便關心的多問了幾句。可能是最近的壓力太大，心裡實在難受，王平便一股腦兒的說出了自己的困境，還自嘲一句：「我都這麼大的人了，真是沒有用啊！」

電話那端突然沉默了，就在王平以為韓陽也會瞧不起他的時候，聽到韓陽很誠懇的回覆他說：「王平，你現在太自暴自棄了。我還記得大學時候的你總是意氣風發，幾個同學裡面，就數你最有抱負了！眼前的困難只是暫時，我相信你會挺過去的！雖然我沒什麼能耐，但無論你有什麼困難，只要是能幫上忙的，你儘管開口就可以了！」

王平握著手機的手有些顫抖，一段極其樸實的話，卻讓他的眼睛濕潤了。有時候人很奇怪，很簡單的道理自己看不透，但經過別人的點撥就豁然開朗。從那天開始，王平開始積極面對自己的現狀，最終決定創業，尋找適合機會可以改變自己的命運。看到王平的決心，韓陽便和妻子商量也拿出一筆錢來幫助王平，希望他這個好兄弟能夠成功。

創業的過程並非一帆風順，王平當然也遇到各種不同的困難，但每每想到家裡的妻女，還有韓陽將一筆應急金交到他手上時那信任的目光，他就覺得沒有什麼困難能夠難倒他。幾年後，王平不但將韓陽借他的錢全部還清了，還打算多貼一些利息錢，感激這位好兄弟。

對於王平的好意，韓陽全都拒絕了。他幫助王平可不是為了日後的報恩。他們是老同學、是好朋友，朋友之間相互支持的情誼是無價的，也非為了日後的回報，又怎麼是金錢所能衡量的呢？不過，雖然沒有接受王平的錢，但韓陽卻欣然答應王平請他全家旅遊的邀請，他想透過這件事告訴自己的孩子，什麼才是真正的朋友。

消費友情的代價

李銘在大學畢業後便成為一家儀器公司的業務員，因為踏實肯幹，為人憨厚老實，在公司的口碑極好。或許是因為看到市場的巨大潛力，李銘毅然決然的辭職，很快就租了一間小辦公室，開起自己的小公司。

公司雖然剛起步，但憑藉著近幾年累積下來的客戶關係，李銘簽下不少訂單。不過，因為流動資金短缺，公司運轉突發狀況。怎麼辦呢？思來想去，李銘約了幾個要好的朋友一起吃飯，席間隱隱透露出自己的難處，想要幾個好兄弟幫襯一下。這幾個朋友也都相當豪爽，沒幾天工夫就將錢湊齊了，借給李銘。

有了這筆錢，李銘更加賣力經營公司，但由於經驗不足和管理不善，公司營運不但沒有好轉，反而又陷入困境。而這次，李銘不但沒有面對現實，更加努力，反而變得頹廢，也沒有之前的幹勁。很快的，約定要還款的期限到了，但李銘無力償還，希望能將還款日期延後。憑藉多年的關係和感情，幾個朋友雖然心裡不悅，但都清楚他的難處，也都同意了。

不幸的是，李銘原先看好的產業趨勢，卻開始下滑，他每天開門做生意就意味著大筆的成本開銷，再加上人情往來，公司開始入不敷出。此時，原先安排的婚期也日漸逼近。

偏偏李銘的未婚妻好面子，他每次也都在女方面前裝出很大方的樣子。久而久之，未婚妻以為李銘這個老闆當得很風光，從來沒想到那家小公司已經開始搖搖欲墜。

應未婚妻的要求，他們的婚禮舉辦得相當隆重派頭，光是為了裝修房子又花了李銘上百萬。而這些錢，原先是他打算還給兄弟們的借款。直到下一個還款期又過了許久，一群兄弟找到了李銘，可得到的答覆依然是：「我現在拿不出那麼多錢，下個月吧，我一定會全數奉還。」

這些人都見證了李銘那一場奢華的婚禮，卻在此時聽到「沒有錢」三個字，所有朋友都明白了這是怎麼回事，但依舊抱著最後一絲希望，心想，不就是再等一個月嗎？然而，當一個又一個還款日過去了，這群好兄弟持續聽到一句又一句「沒有錢」的答覆，得到一個又一個「下個月還」的承諾，卻又見他出手大方，一副財大氣粗的樣子時，朋友們的心徹底冷了。

由於李銘花錢毫無節制，加上公司經營不善，他的事業很快又遇到了困境。當他厚著臉皮再次開口向朋友們借錢時，得到的卻是冷冰冰的拒絕。

李銘站在自己公司前，抬頭看著頭頂的牌匾，他不知道自己是怎麼走到今天這番田地。他原本懷抱著夢想抱負，意氣風發，親朋圍繞，但如今，看著手機內長長的一串通訊錄，他卻不知道下一個求助的電話應該打給誰。

這兩個對比明顯的案例說明了一個簡單的道理，也揭示了一個殘酷的現實——金錢既可以是對友情的佐證，又可以是考驗友情的重要一環，更提醒了我們：千萬不要帶著功利的眼光審視友情，也不要用金錢的標準去衡量朋友，否則你早晚會嘗到苦頭。

別粗魯的把社交資源「變現」

某公司的一位董事王先生不久前從中國回到美國，跟我講了他在中國的見聞：蘇州有位網路商店老闆，專營皮包和玩偶生意，每天都在自己的朋友圈推播自己店裡的商品，在微信、博客和 QQ 這些社交軟體非常活躍。他的日常工作就是在這些地方發布廣告，向每一名好友推播訊息，推薦購買，或請他們代為廣發，擴大網路商店的生意。

王先生說：「我問他這樣做好嗎，他得意的告訴我，這是將自己的社交資源『變現』。」

實際上，這種人與作為並不罕見，很多人都利用現有人脈進行廣告行銷或經營自己的生意。在中國盛行的這種現象，被稱為「微信行銷」。但是，從友情的角度來看，這種行為本質上是在消費朋友，並通過這種行為讓朋友拿出自己的錢包來買單。偶爾一兩次還可以，時間久了，你們的朋友關係就會變淡了，因為你把他們視為客戶。

因此，有些做微信行銷的人經常會在朋友圈被「拉黑」（編按：即封鎖）。就像王先生遇到的這個店主，很多朋友都因為受不了他大量發送廣告圖片的行為而抱怨，有人甚至直接封鎖他，斷絕任何關係。

我在此也要提出告誡，如果你真的需要把生意做到朋友身上，也一定不能貿然消費對方，而是採取較為溫和的方式和態度，像是單獨在電話中與對方溝通或當面推薦自己的產品，切不可盲目的將自己的社交資源「變現」，否則最後會被朋友貶到一文不值的地步，賺不到錢，也失去寶貴的友情。

珍惜禁得起金錢考驗的朋友

在電影《我的好野女友》（Friends With Money）中，珍妮佛・安妮斯頓飾演的奧利維亞有三個閨密，四個女人無話不談且多年為伴。劇中，奧利維亞的三個閨密際遇各有不同，卻都已經成家立業，一個是非常知名的服裝設計師，一個是當紅的劇作家，另一個則繼承了大筆遺產，過著衣食無憂的生活。相較於三個好友，奧利維亞不但單身未婚還失業了，沒有經濟來源，生活陷入困境。

這四個女人組成的朋友圈中，出現一個落差如此大的角色，更加凸顯奧利維亞劇中角色的窘困。不過，儘管繼續維持這種關係會有些困難，但是這幾個女人依然不離不棄，以各自的方式幫奧利維亞介紹工作，甚至介紹男友。雖然沒有多少成效，但她們一直沒有放棄，也沒有嫌棄這位朋友，不求任何回報。

即使經濟無虞，另外三個女人也都有自己的煩惱，有人厭倦工作，有人厭倦婚姻，有人甚至厭倦了生活；她們都充分展現中年女人所面臨的危機，也真實體驗著人生的酸甜苦辣。

尤其對金錢的態度上，奧利維亞遊走在各大商場，到處索取免費的面霜試用品，還沾這些老朋友的光去參加各種高級派對，她們的友情沒有被金錢打倒，並且向我們證明了：當你遇到禁得起金錢考驗的朋友時，一定要格外珍惜！

這些「好野」女友們的友誼，也是我經常向人們介紹的一種友情。無論你的人生走到哪個階段，都要努力結交並且抓牢這樣的朋友，他們是你人生中重要的財富，也必定會陪你走好人生的每一步。

◉向朋友展示自己最好的一面

女士們喜歡用漂亮衣服來襯托自己美麗的容顏與體態，用化妝品來掩蓋自己的缺點；這就是一種對外的展示——盡量讓缺點變小，讓優點放大。就像那些在晚宴上總是打扮得花枝招展的女士們，展現出自己最好的一面，讓眾人為之傾倒。

在人際交往中，我們都是普通人，既沒有出眾的相貌，也沒有獨一無二的能力，那該怎麼辦呢？你可以制定適合自己的策略，在人前展現出最好的一面，也能交到朋友。

先別急著否定這一點，因為事實會逼得你不得不承認。許多有能力的人可能不需要用什麼方法去保持人際關係，因為只要有利益存在，各式各樣的人都會主動上門，求他幫忙，或者希望合作。不可否認，有能力的人容易交到朋友，能力平庸者則需要另想辦法。

製造機會讓自己與眾不同

在《戰國策》〈鄒忌諷齊王納諫〉的故事中，鄒忌對齊王說：「事實上，我知道自己的外貌比不上的徐公（齊國知名的美男子），但是我的妻子愛我，我的小妾怕我，我的客人有事情求我幫忙，他們都說我比徐公美。現在齊國有一百二十座的城池，疆土有方圓千里，大王身邊的妃子都愛您，朝中的大臣都怕您的權威，國內的人都有事情求您。由此來看，大王您受到很大的蒙蔽啊！」齊王於是廣開言路，鼓勵大臣進諫。生活中，並不是每個人都能夠成為「鄒忌」和「齊王」，大多數人都只是那個被用來做比喻的「徐公」罷了。

鄒忌的魅力就在於，他有自己獨特處理事情的方法。畢竟不是每個人都能成為齊王，但是我們能夠改變自己，拓展自己的人脈圈，想辦法讓自己變得更加受人矚目，讓大家都把目光放到我們身上，想要主動靠近。說白了，就是要讓你在人群中顯得鶴立雞群，耀眼奪目，讓人們一眼就看到你的存在，並希望成為你的好朋友。

有一名窮困的少年，為求更好的生活來到了城市裡，幻想著有一天能夠成為有錢人。但因為能力不足，讓他找工作時經常碰壁，想要成為有錢人變成一個遙不可及的夢想。「我該做些什麼，才能和你一樣富有呢？」他在尚未竣工的高樓前，向一位衣著光鮮的成功人士問道。

那位成功人士沒有直接回答少年的問題，而是說了一個故事：

「在同一個工地工作的三個工人，他們同樣的努力奮鬥，不同的是，有個工人從不穿工地發的制服。後來，其中一個工人退休了；另一個一直堅持下去的工人成為工頭；至於那個從來不穿制服的工人，變成那些工人們的大老闆，也就是建築公司的老闆。」

少年茫然的眨了眨眼睛，表示他完全沒有聽懂。那個人示意少年，看看現場那些正在工作的工人們，說道：「你看到那些人了嗎？他們都是為我工作，現場這麼多人，我卻連他們的長相都記不清楚，更別說記住他們的名字了。可是，你有沒有看到其中有個身穿紅上衣的人？他工作比別人更認真，而且我注意到他每天工作的時間比別人長，那件獨特的紅上衣，讓他在不起眼的工人中特別顯眼。我打算提拔這個工人當監工。小夥子，我就是透過這樣的方法來獲得成功的，我除了工作比其他人認真，付出的努力比別人多，我還懂得如何讓自己和別人不一樣，讓主管注意到我，這樣就會有更多成功的機會。」

你受到重視的程度，決定了能不能獲得成功的機會，你要想辦法讓自己和別人與眾不同，讓別人看得到你的獨特與優點。

創造舞台勇敢推自己一把

好萊塢的知名電影《亂世佳人》，其魅力貫穿整個二十世紀。無論歲月流逝，它始終是很多人心目中的經典。飾演劇中女主角郝思嘉，一片成名的電影女演員費雯．麗，也因此成為好萊塢電影史上的偉大女演員之一。

可是鮮為人知的是，當電影即將開拍之際，郝思嘉這個要角卻一直遲遲未能決定，儘管上百名女演員爭搶這個角色，但是導演卻一直沒有找到一個能夠勝任的演員。

當時在英國皇家戲劇學院完成學業的費雯．麗，也曾經是上百名競爭者之一。名不見經傳的她，曾經向導演自我推薦過很多次，也屢吃閉門羹，甚至還被嘲笑過不要做白日夢，這麼重要的女主角郝思嘉，不會讓一個默默無名的小演員飾演。雖然一次次被拒之門外，可是費雯．麗並沒有因此放棄，而是想著要怎麼才能讓別人知道，她就是不二人選。

眼看著《亂世佳人》的外景都已經拍攝完成，製片人大衛還在為找不到合適的女主角而發愁。費雯・麗得知此事，覺得這正是自己成功的機會，只要能夠成功的讓製片人看到自己的與眾不同之處，就有機會成為女主角。

為了製造「被看到」的機會，她拜託一位與製片人熟識的男性友人幫忙，並安排了不期而遇的橋段。不久後，他們兩人刻意在製片人大衛面前一起走上樓梯，製片人大衛只認識那個男人，打了招呼，可是又不禁好奇同行的女人是誰，因為剛剛她走過眼前的樣子和談吐，像極了電影中要求的女主角郝思嘉！

突然間，這個男人回頭朝著製片人大喊：「嘿，大衛，她就是郝思嘉啊！」大衛震驚得瞪大了雙眼，驚呼：「這就是我要找的郝思嘉？！」激動的大衛急忙詢問這個女人是誰，並表示想讓她去試鏡。

就這樣，費雯・麗獲得機會與製片人大衛攀談，而大衛在談話間發現了她的獨特氣質，也為電影中女主角「郝思嘉」找到最佳代言人。

大部分情況下，我們並非能力不足，而是沒有能夠盡情發揮的舞台。但是，機會不會自己送上門，我們應該主動出擊，抓住機會。如果只是等待機會上門的一天，就只能與機會擦肩而過。在有利於我們獲得機會的人面前，勇於展現自己，機會才不會在不經意間溜走。

如果你真的有能力，也得讓別人看到，才能獲得機會。所以，一定要懂得在適當的時候表現自己，為自己創造機會。

◉朋友是事業上的好幫手

引擎是汽車的心臟，提供動力之用；而朋友，也可以說是你事業的引擎、發動機，為你的事業提供助力。當你將朋友和事業結合在一起時，就更能體認到擴大社交圈的重要性。先來看一家馬里奧麵包連鎖店的故事。

「馬里奧麵包店」是一家百年老店，很有名氣，年輕的馬里奧從父親手裡接下了馬里奧麵包連鎖店事業。馬里奧想讓家族企業在自己手中名揚四海，讓這份事業在自己的經營下更上一層樓，不想只是活在前人的光環下。

付出小小的愛，卻有大回饋

有一次，馬里奧和妻子打算出門度假，前一天晚上早早的關店休息，準備隔天的度假用品。但就在他出門的時候，馬里奧看到了一個面黃肌瘦、衣衫襤褸的年輕流浪漢。

看到如此可憐的流浪漢，馬里奧眼中露出同情的神色，他快速走到流浪漢身邊，柔聲的問道：「年輕人，你遇到了什麼困難，有什麼我可以幫忙的？」

年輕人操著濃重的巴西口音，怯生生的問道：「請問，這裡是馬里奧麵包連鎖店嗎？」

「是的，有什麼困難，你可以告訴我。」馬里奧說。

年輕人低下頭，有些不好意思的說：「我來自巴西，已經三個月沒有找到合適的工作，錢包也被偷了，很長時間沒好好吃一頓飯了。我父親告訴我，他以前來過美國，在這家店裡買過東西。」接著他把一條髒兮兮、帶有「x」字母的圍巾遞給馬里奧看，他看到了自己店裡特殊的符號「x」。

「我希望……」年輕人小聲說著，似乎感到害羞而咬字稍有不清。

熱心的馬里奧把年輕人帶到店裡面，為他做了豐盛的晚餐，資助他一筆回巴西的旅費。雖然年輕人只是異國他鄉一個老顧客的兒子，但一個小小的善舉，讓他結交了一個新朋友而不自知。

馬里奧很快就忘記了這件小事。十幾年後，他成功拓展許多美國分店，在市場飽和情況下，正打算開拓海外市場，但是該從何開始，海外也沒有熟人可以打聽。馬里奧對此有些猶豫不決，難以做出明確的決定。就在他感到難以決斷之時，意外收到多年前曾幫助過的那個巴西年輕人的來信。

在信中，年輕人告知馬里奧，自己已經是巴西一家知名公司的老闆，也邀請他到當地共創事業。馬里奧欣喜若狂，透過年輕人的幫助與合作，很快就在當地站穩市場，他的連鎖店也得以快速發展。

成功時，別忘了一起苦過的朋友

再來看看以下一則負面的案例。

貧窮與不幸伴隨著馬塞洛的童年，他十五歲的時候，借錢買來偷捕龍蝦的小船被警察拖走，他也受到處罰。在被處罰做搬運工時，馬塞洛偷偷逃了出來，開始與一些水手廝混。

一年後，馬塞洛和姊夫加入阿拉斯加淘金者行列，這些淘金者什麼人都有，多數是對生活充滿熱情的英國勞工，其中很多人成為馬塞洛的朋友。

來自墨西哥的坎通納是馬塞洛眾多朋友中很特別的一位，他的人生充滿辛酸，他的經歷讓馬塞洛落淚，馬塞洛決定把完成《淘金者的人生》一書當成自己的目標。

馬塞洛在空閒時請教坎通納，記錄對方的人生經歷，馬塞洛由此對淘金者的世界有了更深入的了解。一八九九年，馬塞洛的第一本書問世了，在完成第一本書《給獵人》時，馬塞洛年僅二十三歲。不久之後，他的小說集《狼之子》也出版面市。

馬塞洛的作品有一個共同特色，就是以淘金者的生活為主題，寫得非常真實，貼近人們的生活，尤其是符合底層讀者的心理需求，因而獲得廣大讀者的喜愛。馬塞洛的作品受到歡迎，他也走向成功之路。

成名之後，馬塞洛經常去看當年的那些朋友，和他們一起吃飯，聊著過去的事情，正是這些患難與共的淘金者給他足夠的靈感，才能有今天的成功。

剛開始，馬塞洛確實沒有遺忘過這些朋友。隨著名氣越來越大，累積越來越多的財富，他成了名人和有錢人，卻開始墮落、大肆揮霍金錢，他寫作的初衷也因為對金錢的依賴和過分看重而慢慢改變，馬塞洛忘記了曾經的那些窮朋友們，不再主動聯繫，也不去探望那些朋友的生活。

直到有一天，坎通納曾經到墨西哥探望馬塞洛，那個星期馬塞洛只見了他兩次，而且總是用各種應酬和酒會的原因來打發坎通納，對他視而不見，也不想一起吃飯、聊天敘舊。

這種轉變是悲劇性的，也是災難性的。正如坎通納堅決離開了他一樣，馬塞洛的那些淘金者朋友也從他的身邊逐漸消失，慢慢離開了他的世界。馬塞洛的冷漠讓他失去了這些朋友，而朋友們也不再提供他寫作的素材。

沒有朋友，沒有素材，馬塞洛沒有了創作靈感，寫不出像以前一樣的作品，因為過度揮霍，甚至面臨著極大的精神壓力和金錢危機。

一九一六年十一月的某一天，馬塞洛在家裡用一把手槍結束了自己的生命。

朋友對於個人事業發展的重要性不言而喻，真正聰明的人擅長讓朋友參與自己的事業，並且以事業為中心建立一個穩固的朋友圈，讓每位朋友都從中受益。

◉坦然接受朋友的幫助

大多數人都覺得，只要我們待人以善，樂於助人，就能讓別人喜歡自己，也能結交到朋友。事實上，樂於助人是好事，但是如果我們總是幫助別人，別人沒有機會回報，也會有心理負擔；所以，在我們遇到困難時，也不妨適時接受別人的幫助，雙方得以在互助過程中加深感情，這樣對方才能夠更加認識你，也把你當作自己的朋友。

你總是不讓別人幫忙嗎？

為什麼我們有時候要接受別人的幫助呢？

首先，當我們在某些事情上遇到困難時，如果朋友可以幫助我們，對方會因此覺得彼此關係比以往更加親密。其次，當有一個人來找我們幫忙時，我們的自我存在感就會更加強烈，會產生一種被依賴、需要的感覺。當我們在接受別人的幫助時，他們的感覺和我們幫助別人時是一樣的。

在一家廣告公司擔任文案工作的娜娜今年才二十三歲，長得很漂亮，個性也很好。公司同事都知道她是一個熱心腸的人，無論是誰找她幫忙，一定會全力以赴，使命必達。可是她從來不會給別人添麻煩，每次有困難時，她都是自己一個人解決。

有一次，她父親出了車禍被送進醫院，母親又在去醫院的途中心臟病復發。雙親同時都住進了加護病房，這無異對一個人的打擊非常大。公司同事聽說後，都非常著急，想幫她一把。於是大家悄悄商量後，十幾名同事湊了兩萬元，希望讓她先拿去應應急。

但是娜娜卻斷然拒絕，「非常感謝大家，但真的用不上，我能自己解決這問題，請相信我的能力！」

這樣真的好嗎？

娜娜自認這是一個優點，但事實卻是相反，因為時間久了，公司同事漸漸不再與娜娜往來，找她幫忙的人也越來越少。娜娜對此無法理解，直到有位同事告訴她，因為娜娜從不麻煩別人，大家就覺得不好意思再去麻煩她了。

是的，正因為人們「相信她的能力」，從中看出她的自信，甚至是自負的味道，導致不敢再接受她的幫助。

事實上，在人際交往中人們一般會遵循互惠原則。這是由著名的哈佛大學社會心理學家喬治．荷曼斯所提出的「社會交換理論」（Social Exchange Theory）。荷曼斯教授認為，人際交往本質上是一個社會交換的過程，相互給予彼此所需要的東西。

朋友間的互惠要有平衡點

所以，我們一定要認清，朋友之間是講求互惠互利的，雙方要保持一種利益的平衡。如果這個平衡被嚴重打破，就可能導致關係破裂。為了讓彼此的關係更加牢靠，我有以下建議：

第一，真心接受別人的幫助。

在現實生活中，我們常會看到有一種人，他們總是堅持己見，覺得自己什麼都能做好，不願意接受別人的幫助。實際上，這是一種錯誤的作法。你應該學會耐心的讓對方講出自己的看法，如果你覺得對方能幫忙解決當前的問題，那就更應當誠心接受對方的幫助，就算是對方提供的幫助有限，你覺得沒有多大意義，也不應該直截了當的拒絕對方，而是以一種委婉的方式告知對方，才不會讓彼此尷尬。

第二，不要老是把「忙」掛在嘴邊。

我們活在一個競爭激烈的世界，每個人每天都有做不完的事情，白天上班工作的時候忙，下班回到家裡也忙，許多人便常把「忙」掛在嘴邊。就是因為生活節奏快，一直很忙，我們才更需要朋友間互相幫忙，這可以讓自己覺得輕鬆一點；因為如果以忙碌為理由而拒絕了朋友的請求，等到自己需要支援時，也不會得到朋友的幫助。

第三，不能做忘恩負義的事。

一個人在現實生活中絕對不能做忘恩負義的事情。有些人在功成名就之後，因為有了權勢，覺得自己有了身價、有了地位，便不把朋友當一回事，這導致他們與朋友之間的距離越來越遠，與此同時，他們在自己朋友心裡的形象也會受損。

第四，不要有過多的偏見與猜疑。

一個人不能有過多的猜疑之心，如果一個人一直抱持著偏見或猜疑之心來看待生活的話，那麼他一定活得小心翼翼，對於任何事情都沒有安全感，也不會去相信任何人，這對他的人際關係影響是相當巨大的，嚴重者甚至還會影響到他的身心健康。

這種人總是用猜疑的眼光去看待身邊的事：當看到有人在討論些什麼的時候，他們就會覺得別人是在講他們的不好；當別人伸手幫助他們的時候，他們就會覺得對方另有目的。

樂於助人是美德，相對的，能夠真心接受他人的幫助，對他人來說也是一種尊重。人與人之間的互動，就像坐蹺蹺板一樣，要高低交替。一個永遠不肯吃虧、不肯讓步的人，即使真正得到好處，也是暫時的，遲早會被別人討厭和疏遠，而一個永遠都不接受別人幫助的人，也註定會沒有朋友。

◉不吝嗇給他人舞台

鋼鐵大王安德魯．卡內基是眾所周知的成功企業家，他出身平凡，既沒有雄厚資本，也沒有鋼鐵相關的專業技術和知識，卻成為聞名世界的鋼鐵大王。很多人好奇，他成功的背後究竟有著什麼樣的祕密？

鋼鐵大王的成功祕密

有位美國記者費盡心思，終於找到機會可以採訪卡內基，他一見到這位鋼鐵鉅子，就急切的問道：「卡內基先生，以您在鋼鐵業的成就，想必您自身的煉鋼技術一定達到專家水準吧？」

「哈哈，記者先生，您一定弄錯了。我在煉鋼方面的知識和技術，在我們公司裡面估計得排在三百多名了。」卡內基聽了那位記者的提問，不禁大笑回答。對他而言，這可能是自己遇過最有趣的問題了。

那名記者驚訝的說道：「那您有何特殊本領能成為鋼鐵大王呢？」

卡內基想了一下說：「那是因為我知道該如何有效的鼓勵公司員工，讓他們發揮自身的特長。」

事實的確如此，卡內基就是依靠自己激發員工發揮特長的方法，促使其創辦的鋼鐵公司在美國得以發展，占有一席之地。其中，非常重要的一點是，他讓得力的助手成為自己的朋友，讓他們展現卓越的才能，而自己卻退居幕後。

曾經有一段時間，卡內基的鋼鐵廠因為產量始終上不去，效益很差，幾乎發不出薪水。鋼鐵廠的一些員工對此怨聲載道，整個工廠幾乎陷入癱瘓的狀態。在這種情況下，卡內基果斷的祭出高薪策略，力排眾議，用百萬年薪挖角到查爾斯．施瓦布來擔任鋼鐵廠總裁。

施瓦布出任鋼鐵廠總裁之後，推出了一系列策略，其中效果最顯著的就是，鼓勵日班和夜班的工人進行競賽。如此一來，整個工廠的生產狀況迅速得到改善，全廠的鋼鐵產量大大提升。在施瓦布的帶領下，也讓卡內基一步步成為名副其實的美國鋼鐵大王。

由此可見，卡內基的確非常聰明。如果他因為自己是老闆就自命不凡，自以為是煉鋼專家而去領導專業，就會導致大批真正的煉鋼人才離他而去。不僅如此，恐怕連擁有管理特長的施瓦布也會被拒於門外，更不會有如今令人尊敬的卡內基了。

安德魯．卡內基的行為正好印證了法國哲學家羅西．法古說過的話：「如果你要得到仇人，那就表現得比你的朋友優秀；如果你要得到朋友，那就要讓你的朋友表現得比你更優秀。」

當遇到總愛炫耀的人

當你身邊的人表現得比你還要優秀的時候，他們就會有一種「我是重要人物」的自豪感。當他們發現不如你優秀的時候，就會產生一種自卑感，還可能因此產生羨慕、嫉妒等負面心態。

麗塔在紐約市中區的人事局工作，是單位中人緣最好的職業介紹顧問，但是她最初來到人事局時，卻是一個朋友都沒有，而且這樣的局面都是由於她的一些行為所造成。

為了保持自己所謂的尊嚴，麗塔幾乎每天都會賣力的吹噓自己在職業介紹這方面的成就，或者她新開戶的存款金額……她所做的每件事情都會成為在同事們面前吹噓的話題。

「我一直認為自己做得很不錯，也引以為傲。可是非但沒有同事願意聽我分享，他們還對此極不高興。」麗塔對我們的諮詢顧問這樣說。

「我希望同事們喜歡我，我發自內心渴望能跟他們成為朋友。在跟您諮詢了幾次後，我開始實行您提出來的幾個建議。」

「首先，在同事們面前，我開始從一個會炫耀自己、愛發言的人，變成一個用心傾聽的人。我越來越少談論自己，而是更為用心的去聽同事們說話。」

「他們之間的確也有很多可以吹噓的事情，而且我覺得他們當時的表現，比聽我吹噓要興奮得多。如今只要有時間閒聊，我就會主動請他們分享自己的成就，至於我自己的部分，除非他們主動詢問，我才會說一下。」

直指別人的錯誤，有錯嗎？

蘇格拉底曾經不只一次告誡過他的學生們：「你們只需要知道一件事情，那就是你們是一無所知的。」

一個蔑視的眼神、一種不滿的語氣，或者一個不耐煩的手勢，都可能帶來無法想像的後果。在指出別人的錯誤時，千萬不要有以上的種種表現和態度，因為此舉會大大傷害對方的自尊心，打擊對方的積極性，甚至可能招致對方的反擊。此時，就算你把諸如柏拉圖、康德這些偉大哲學家的種種真理搬出來佐證，也於事無補。

所以，任何時候都不要用極為不屑或傲慢的口氣說出以下的話：「走著瞧吧！你會為你的錯誤付出代價。」這句話的背後，無異在說：「事實會證明，你比我愚蠢，我其實比你聰明得多。」

這種話本身就是一種挑釁，即便你的初衷是善意的，但也會因此把自己拖進一種遠離問題本身、兩人拚搏鬥狠的泥淖裡。

「指教」要委婉，不然像挑釁

一位紐約年輕律師，有幸參與一場重大案件的法庭辯論，這個案子涉及一大筆金錢，格外引起關注。在那場辯論中，一位來自最高法院的法官向年輕律師問道：「《海事法》中對於追訴期限的規定是六年，對嗎？」

那個年輕律師怔了一下，抬起頭看看法官，非常直率的回答：「不，庭長大人，《海事法》對於追訴期限沒有規定。」

這個年輕的律師後來也說道：「我說完的那一瞬間，整個法庭裡面立刻安靜下來。儘管我說的是對的，對方說的是錯的。可是我如此直率的指了出來，對方非但沒有絲毫感激的意思，反而為此大為惱火。只見他的臉色一片鐵青，叫人不寒而慄。雖然事實上我沒錯，可是我卻在人際往來上犯了一個極大的錯誤，毫無保留的直指一位頗具聲望且學識淵博的最高法官，他錯了。」

這名年輕律師的確犯了一個大錯，他忽略了一個重要技巧，那就是在指出別人錯誤的時候，沒有說得更為含蓄，以致於他非但沒有換來別人的感激，卻引來了別人的惱火。

有鑑於此，我們必須隨時提醒自己要學會謙虛，對自己的成就保持低調，輕描淡寫的對待，只有如此才會受人歡迎。在朋友面前，我們可以比對方聰明，但是我們沒必要告訴他們或者去證明——我比你聰明，那就真的是不智之舉了。

◉「雪中送炭」測試

二〇一四年五月，我們在多個國家共二十五個城市，包括紐約、華盛頓、洛杉磯、北京、廣州、首爾、漢堡等地，同時進行一次為期兩個月的「雪中送炭」

測試。參與測試活動的共六十個小組，成員來自各行各業、收入不一的階層，有月薪兩萬出頭的受薪族，也有月入七、八萬上下的中產階層，更有年收入達三、四百萬元以上的高薪人士。

哪位朋友會借錢給你？

測試的任務很簡單：我們要求參加者在未來的兩個月內，製造自己需要用錢的假像，最好是讓自己在別人眼中看起來窮困潦倒，已經到了急需幫助否則活不下去的地步。接著，他們要向自己的朋友開口借錢，看看有多少人會答應。

這些人對參加這項測試很感興趣，也都相當好奇，那些平常相當要好的朋友們，在自己遇到困難時會有什麼樣的反應和改變。三個月後，我們將各地收到的資料整理，得到一份讓人跌破眼鏡的結果：

受薪族：向二十個朋友開口借錢，平均只有三個朋友答應，最後只有一．五個朋友真正借出錢，只是數額並沒有超過四萬元；

中產階層：向三十個朋友借錢，平均只有七個朋友答應，最後有四個朋友真正借出錢，金額不超過十萬元；

高薪人士：向十個朋友開口借錢，平均有六個朋友答應，最後有四．五個朋友真正借出錢，平均金額約八十萬元。

我們從這些資料中發現，不論你是受薪族，還是社會成功人士，在落難時，並不是所有朋友都會熱心的幫助你。儘管不同階層的比例不盡相同，但大體而言，多數朋友都在關鍵時刻跑掉了，沒有站在自己的身邊；更加印證了，在你最困難時能夠伸出援手的，才是真正的朋友。

你會借錢給朋友嗎？

這讓我想起幾年前發生的一件事情，也正是這件事情和隨後的一連串事情，才讓我想要召集各地的機構負責人，開始安排這項測試。

那是二〇一一年下半年，有位朋友凱莉因為生意上有點狀況，急需要一筆錢周轉而打電話給我。當時我覺得有點奇怪，因為她是機構的特聘心理學顧問，充其量我們只是一般朋友，還沒有熟到可以開口借錢的地步。

當下我有點猶豫，到底是借還是不借？我對凱莉說，因為正在會議中，等一會兒再回她電話。我考慮了十多分鐘，決定借錢給她。畢竟當時那筆錢對我而言，並不算是很大的金額，我的想法是能幫就幫，想必凱莉遇到了大麻煩，否則對美國人來說，要開口向別人借錢需要極大的勇氣。於是半個小時後，我便把錢匯給她。

一星期過後，凱莉把錢還給我，還找我出來喝茶。我們兩個人找了一家茶館，沉默的坐了半晌。她先開口打破了沉默，談起前些日子借錢過程中體會到的種種感受。

凱莉說：「謝謝你答應把錢借給我，其實這在我的意料之外。」

我頓時有點疑惑，開口問道：「你為什麼會這麼想呢？」

她回答說：「在打電話給你之前，我已經打過九通電話了，你是第十個。當你說出『一會兒再回電話』時，我幾乎認定要打第十一通電話了。」

她的臉上露出一絲無奈，「我是根據平時往來熟悉的朋友關係依序打電話，只是越到後面越沒有信心。所以，打電話給你的時候，已經是把死馬當活馬醫的心情。」

之後，我們就這個話題談論了很多。凱莉感慨的說了一句話：「如果不是這次找朋友借錢，我還以為自己有很多朋友。直到現在才明白，我原來這麼孤獨，根本沒有什麼值得依賴的朋友。」

我曾向朋友借過錢……

之後的幾天，我一直都在想這件事。還和合夥人史密斯聊起這件事，他也很感興趣，並且深有感觸。於是我們召集了幾名策畫人員，決定以此主題展開測試計畫，先制定了一個初步的課程概要，決定在不久的將來開始推廣，以幫助人們重新認清朋友的定義。

在此計畫實行前，我決定自己「測試」向朋友借錢，了解一下自己是否也像凱莉一樣孤獨。在做這件事前，我打電話把想法告訴凱莉。她聽到後立刻大笑，「我勸你不要做這種遊戲，這會讓你覺得一下子就從天堂落入地獄！」

聽完凱莉的建議，我當然沒有因為她的話而停止這個念頭。我先找出自認為的幾位好朋友名單，他們都是目前住在洛杉磯的華人，外地人與當地的美國友人並沒有列入。我這麼做的想法是，為了增加借錢成功的機率。

這些朋友和我從未有過金錢上的往來，彼此工作也沒有任何交集。我們經常玩在一起，像是吃飯、喝咖啡，或是上酒吧，先前的互動也大多是我幫忙他們多一點，屬於純粹意義上的朋友。

我這張名單上共有九個人，他們大多在美國做生意，所以經濟能力不錯，我認為借個幾萬美元肯定沒問題。隨後，我便發給他們一則內容差不多的訊息：

「我現在遇到一點麻煩，需要向您借兩萬美元急用，三天之內我就可以將錢還給您。如果方便，請打個電話給我；否則就發一則訊息讓我知道。因為這是急用，所以請您盡快答覆。」

我是在下午四點左右發出訊息，史密斯則在旁邊做見證。晚飯時間還沒到，我便收到七則回覆和兩通電話。這些訊息回覆得很快，全都沒有超過一個小時，其中的兩通電話則分別在我發出訊息後二十分鐘、三十分鐘左右打來。

其中，那七則回覆的訊息內容如下：

鄭先生：「真的很對不起！我目前也很困難，真的。要不然，只要是你的事情肯定沒話說的，你再想想別的辦法吧，真的很不好意思！」

呂先生：「上星期我的小姑剛向我借了兩萬美元，若是下個月她還錢後，我還是有可能借你錢，但這個月真的是不行了，真對不起！」

楊先生：「這段時間我自己也有困難，前一段時間生意賠了不少錢，差點把車都賣了。真不好意思，如果我情況好轉的話肯定沒問題，就算是十萬美元也可以借你。」

張先生：「李，真是不好意思，我的錢都在股市裡，很對不起！下一次我一定幫你！向你道歉。」

陳先生：「你為什麼會要借錢？我想不到你竟然會缺錢，你怎麼不早說？我前天才借給別人三萬美元，是收利息的。不好意思，這次你還是再想想其他辦法吧！」

李先生：「對不起，最近我的股票全被套牢了，手上沒有足夠的現金，真的不好意思！」

章先生：「因為我女兒要從美國轉學回上海，一開學就需要錢，還有回國的一大筆費用，我現在沒辦法幫你，請原諒我！」

假裝借錢，卻意外釣出真朋友

看著這七則簡訊，我的心都涼了一半，剛好看到兩則未接的來電紀錄，想看看是哪兩位朋友打來的。我先給其中的黃先生回了電話。

黃先生：「喂？」

我：「你好！」

黃先生：「搞什麼，這麼點錢還要找人借？你的公司是不是出了什麼事，是虧損嗎？如果是這樣，兩萬美元也沒什麼用。你先告訴我，到底出了什麼事？」

我：「只是公司這幾天的錢有點周轉不過來，剛好又碰上家裡有急用，手頭的現金不夠，因此需要借一些。」

黃先生：「哦，沒出事就好。你人在公司嗎？」

我：「沒有，我在家裡。」

黃先生：「哦，你也在家。我女兒放學時被一個同校孩子的自行車撞到，小腿骨折了，我這幾天都沒出門。」

我：「啊？你女兒骨折怎麼都沒聽說？需要我幫忙嗎？」

黃先生：「我已經請了兩個星期的照顧假，我妻子公司最近正忙請不到假。我只好準備下個星期讓我爸過來幫忙照顧一下。這種事你就不用管了，現在把銀行帳號先告訴我，我直接從網路銀行把錢匯過去給你。」

掛了電話，我這才覺得心裡似乎暖和一些，接著又給另一位高先生回電。

高先生：「喂，我是老高，你現在在哪裡？」

我：「在家啊！」

高先生：「我剛進家門，錢都幫你準備好了，看你要不要過來拿，還是我給你送過去？」

我：「怎麼好意思讓你再送過來，這樣吧，我等一下去你那裡寫張借據，三天內就把錢還回去。」

高先生：「沒問題，那你趕緊過來，我在家裡等你，正好一塊兒吃飯。」

事後，我和史密斯一起去找了家酒吧，聊起這次測試。我告訴他，借錢給我的這兩個朋友平時從來沒有麻煩過我任何事情，反而是其他幾位朋友常找我幫忙，無非培訓費用打折，或者股票投資給點意見……。

史密斯問我：「你打算告訴借你錢的朋友實情嗎？」

我搖著頭，笑著回答：「除非我晚上喝醉或有病！」

史密斯也笑了：「從現在開始，你也只有這兩個朋友了。」

幫助過你的人永遠都會幫助你，但你幫過的人就不一定了；甚至可能到最後我們或許會發現，雖然我們有很多朋友，但真正靠得住的，可能只有寥寥數人。

我們要明白哪些人才是真正的朋友。這樣以後要是真的遇上困難，就知道該找誰幫忙，省得到時候去求一些靠不住的人，不但自己心裡難受，別人也尷尬，還會耽誤了正事。

其實最重要的是，我們要學會分辨哪些朋友是一起玩的，也要知道哪些朋友是可以真心依靠的。那些屬於玩樂的朋友，平時一起找樂子就好，不要去麻煩他們；但那些真心可以依靠的朋友，一定要好好對待。

作法篇：用朋友，交朋友

中國人有句俗話：「在家靠父母，出門靠朋友。」由此可見，朋友對於每個人的重要性。

每一天的生活中，難免會遇到各式各樣的問題，想要克服困難，獲得成功，免不了要利用自己的社會關係。如果凡事都想靠自己，即使你很聰明、很努力，也未必能夠獲得成功。

想要獲得更大的成功，事業更上一層樓，就需要更多的資源相互支援。換句話說，你必須不斷擴大自己的社交圈，去結交更多朋友，讓朋友成為一種資源的中繼站，幫助你開拓更多的領土，產生一種積極的連鎖反應。

畫出自己的人脈關係圖

傑森是美國西部一家上市公司的初級會計師，因為公司內部的組織調整，傑森待過幾個不同部門，憑藉著自己的努力，他在每個工作崗位上都能夠勝任並且遊刃有餘。只是考慮到日後的事業發展，傑森想到俄亥俄州去工作，以便將來有更廣闊的前景，實現自己的人生價值。

只是傑森在俄亥俄州沒有熟人，也沒有朋友。於是他利用寫信的方式自我推薦，把自己的簡歷一一郵寄到自己有興趣的公司。雖然傑森的工作經驗豐富，表現也很出色，但最終的結果卻與他的初衷背道而馳。

苦苦思索後，傑森決定透過自己的人脈，看其中是否有朋友能幫忙。傑森細心的把自己的人脈分門別類整理後，列出一張「人脈關係圖」，標明相互之間的聯繫，尤其是和會計師工作有關的一些朋友，最後關注重點在，能夠在他去俄亥俄州這件事情上使得上力的人。

透過整理後的人脈關係圖，傑森很快就發現，其中有兩個人可能在俄亥俄州會計行業中幫到自己。他們分別是傑森的老闆威爾森、弟弟的好朋友李維斯。

人多力量大

確定目標後，傑森便開始思考如何獲得對方的幫助，畢竟這是自己能否成功至關重要的一環。如果直接提出請求，就顯得很突兀，對方也不一定願意協助。左思右想後，傑森想出一個辦法，那就是找機會先幫助對方。如果對方得到了自己的幫助，等到自己有求於人的時候，對方就會不好推辭，也同樣伸出援手。

於是傑森先和自己弟弟聊了一下，得知李維斯對一場派對晚會非常感興趣，想要參加卻不得其門而入。他便先透過自己的好友肯結識了他妹妹古麗娜，而古麗娜正是當天晚會重要的成員。

而透過古麗娜的介紹，傑森與晚會主辦方的主席成為朋友，進而成為晚會籌備委員會的委員之一，便順理成章的邀請了李維斯前來參加。為了感謝傑森的幫忙，李維斯為他舉辦了一場家庭晚宴作為回報。在那場家庭晚宴上，傑森與李維斯的父親奧力德相談甚歡，他無意中透露出自己想到俄亥俄州工作的想法，而奧力德當場答應幫助傑森。雖然奧力德是一名建築師，但是他在俄亥俄州的人脈非常廣，尤其是在建築業界很有名望。

一個月以後，奧力德告訴傑森，介紹了一家俄亥俄州的獵人頭公司老闆。之後，傑森如願以償進入一家會計公司，獲得令人羨慕的職位和薪水。

傑森的故事告訴我們，當我們自己無法解決有些事情的時候，透過身邊朋友的幫助，合理運用人脈資源，就能達到自己無法獨自達到的目的。良好的人際關係是相互作用的，就像是「人多力量大」，運用每個人的優點來實現自己的目標，對自己、對他人都有著重要的作用。

Part 3

外圈盟友：事業上同行的人

當你找對未來前進的方向後，如何學習便是關鍵：
要一味的閉門造車，還是打開門來，
循著前輩的足跡，聰明的去「抱前輩的大腿」，
在他們的帶領下迅速進步，縮短成功的時間？

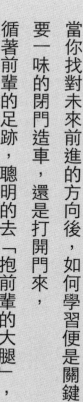

Chapter 5

跟對老師，才能學對東西

◉好老師和壞老師

我們最初對老師的認識源自於學校，「師者，所以傳道授業解惑也。」一位好老師就像燈塔，能為迷途之人指引正確方向，並且解答疑惑，不僅能把「壞學生」變成「好學生」，更能讓「好學生」成為「優等生」。

一般學校對於老師的評價多是從學生成績方面去定義，而我們在求學路上也遇過形形色色的老師，也有自己的評價。那麼，如果在一個團隊或企業中，又如何去定義何謂「好老師」或「壞老師」呢？

在團隊中的好老師，其實就是好主管、好老闆、好上司，他們身為管理者、領導者，能夠讓每個成員都找到自己的位置，促使團隊迸發出活力和創造力，不斷做出傲人業績。但這樣的領導者通常不是常規意義上的「好老闆」，他們可能「不守規矩」，對下屬「不夠寬容」、關係也非其樂融融，但是他們總能做出好成績。請問，這樣的老闆算不算一位好老師呢？

在很多新創公司中，那些不符合「好」的標準和條件的「壞老闆」，通常有更加堅韌的毅力和靈活的頭腦，他們喜歡用與眾不同的思維想問題，不循規蹈矩，不墨守成規，只會拿行動和結果說話。這些看上去不近人情的老闆理應被劃分到「壞老師」之列，但從長遠的角度來看，他們的行事作風對員工的影響更是巨大，這種老闆反而是很好的老師。

史玉柱：我只問成績，不問苦勞

總有人想替成績不合格的人說話，衍生出「沒有功勞，也有苦勞」這句話。「我雖然沒有做出成績，但我也付出了勞力，你不能因為一個結果就否定了我所有的努力。」剛被取消季度獎金的姜先生向自己那位「鐵面無私」的主管抱怨。

主管則義正詞嚴的回覆他：「你看是要收拾東西走人，不然就閉嘴做好接下來的事情。在我這裡沒有『苦勞』當藉口，我別的不看，只看最終結果。」

很多員工都會犯這樣的錯，喜歡從道德上審判自己的主管，只要跟自己的關係好、能「睜一隻眼閉一隻眼」的主管就是好主管，事事公正嚴明、不苟言笑的主管就是壞主管。但公司是營業單位，獲利導向，不是慈善機構，如果每個人都用「我有苦勞」的理由卸責邀功，那結果導向就只是空談，團隊做不出成績，公司也無法進一步發展。

「只認功勞，不認苦勞。」被列為巨人網路公司企業文化中的第一守則，創辦人史玉柱要求所有的管理者都當一名「壞老師」，而不是員工心目中的「好老師」。

在巨人公司，對於一線銷售人員的業績賞罰分明。若是未能達標，收入可能少到只有幾百元人民幣；但如果你的業績超前，就可能獲得數萬人民幣以上的高額獎金。其中銷售業績前五名還會得到創辦人史玉柱所頒發的獎盃，至於業績最差的五個團隊則會領到一面黑色錦旗，上面用燙金的大字寫著「倒數第×名」的字樣。這種極端的激勵手段雖然苛刻卻很有用，排在倒數的人會為了「雪恥」

而迎頭趕上，名列前茅的人為了保住地位，也會更加奮發圖強。

另外，因為公司內部曾發生員工針對產品行銷的消費者訪談造假情事，為了杜絕這種歪風與惡習，史玉柱祭出一條很令人匪夷所思的懲罰措施。例如發現公司的張強造假，那麼當公司在開全國性會議時，就會讓張強站上台，讓他在眾目睽睽之下，接受通報批評。如此一來，員工們再也不敢造次，史玉柱也成功打造出業界第一的行銷團隊。

種種鐵腕作法當然不能得到所有人的認同，對於只想拿穩定薪水的人來說，有些人覺得太過分。但事實上，從事市場銷售工作就像上了硝煙瀰漫的戰場，每天都有硬仗要打，如果老闆只想與員工和樂融融相處，那肯定做不出什麼成績。從這點來看，史玉柱這樣的苛刻管理也不無道理了。

馬雲：在阿里巴巴，新人沒資格談策略

二〇一一年八月二十九日，阿里巴巴集團創辦人馬雲在集團內部發了一封將近三千字的信。這封信是他趁著搭乘飛機的時間，花了兩個小時所寫出來，內容主要是寫給年輕的新進員工，他在信中直接了當對部分新員工的工作態度提出批

評，因為這些新人「沒來上班幾天，就對一切進行指責和批判」。

馬雲寫這封信的主要目的，其實是想跟年輕員工談談自己的一些建議，希望能讓心浮氣躁的員工踏實工作，告誡年輕人們先耐心學習，打下基礎，再求表現自己。也就是說，你身邊的每個同事都是老師，他們都有比你強的地方，你越是覺得自己了不起，越容易犯錯，所以新人更需要積累與觀察。

「我們永遠不會承諾你發財、升官。在這裡，我們承諾你一定會很倒楣、很鬱悶、很委曲、很痛苦、很沮喪……」

「剛來公司不到一年的人，千萬別給我寫策略報告。千萬別跟我提阿里巴巴集團的發展大計……誰提，誰就離開！但你成了三年的阿里人後，你講的話我一定洗耳恭聽。」

「公司不是請你們發展自己的，公司花錢請你們是來幫助客戶成長的。我們是透過客戶發展來發展自己的。」

這些都是馬雲在信中所說的話，他直白的告訴每個新進員工：我請你來是讓你做事，而不是請你提建議。這些話聽起來很無情、刺耳，但直擊問題重點，也是馬雲管理思想很確切的一種表達和體現。在馬雲看來，他需要的是一流的執行力，而不是那些一流的點子，以及一個只有想法而沒有執行力的隊伍。

戴著惡魔面具的老闆，就是壞老師？

從上述這些真實案例中，你學到了什麼？

一位不合格的老師，可能在見到你的第一天，就讓你大談自己的想法，聽取你的建議，尊重你的個性……這些聽起來很人性化的管理風格，卻可能害了你。

一位優秀的老師則不然，他會對你嚴格要求，讓你向優秀的人學習，過程中你可能會覺得受到壓制，無法展現才能，甚至為此感到相當憤慨。但經過一段時間後，你就會發現，原來這樣嚴厲的老師才是自己需要的，因為他們能給你足夠的時間去累積經驗，讓你在長時間的觀察與磨練中擁有冷靜的頭腦，形塑成熟的想法。

在一家企業或在一個「環境」中，人們都希望能找到一位老師，在他的帶領下少走點冤枉路，也希望老師能幫自己盡快獲得成功。但是，真正的「好老闆」、「好老師」並不是形式上，那些把面子做得漂漂亮亮，讓你感覺很好的人。他們除了可以讓你舒服的混日子，恐怕什麼都無法教你。

只有遇上問題時，才會證明那些表面看上去苛刻又令人討厭的「壞老闆」，其實能讓你學到更多，例如：比爾．蓋茲會大罵做不好工作的員工，讓他們自尊心掃地；戴爾公司創始人麥可．戴爾更是員工眼中的「惡人」，在科技產業中，他的名字幾乎和「伏地魔」（編按：《哈利波特》系列小說中「史上最危險的巫師」）相提並論；資料庫軟體公司甲骨文的老闆賴瑞．艾利森為了激勵員工，會在員工的T恤上印上「殺死對手」的文字，他的評價也是毀譽參半。

這些壞老闆是壞老師嗎？當然不是。事實上，他們都是卓越的領導者和值得人們學習的好老師，更是人們願意追隨的好老闆。

◉「學什麼」比「怎麼學」更重要

在這個資訊時代，知識更新快速、科技發展迅速，人們反而更不容易獲得自己想要的一切。我們對此心知肚明，也因此衍生出一種新現象：人們需要不停學習最新的技能，不斷吸收當下最新的知識，唯有如此，才能跟上時代的腳步。如果你不主動學習，或輕視學習，那麼不管之前你有多麼出色，都很快就會被超越，甚至被淘汰。

那麼問題來了，我們似乎一直在討論「怎麼學」這件事。但我希望在此之前，不妨每個人先問問自己，我們堅持的路是最初想走的那條路嗎？對自己的定位是否明確？

第一步先找到「定位」

一直以來，「定位」都是至關重要的關鍵；它需要與自己的性格類型、興趣愛好、價值觀、自身需求及夢想相匹配。

個人定位還算單純一點，終歸是自己的事。如果是知名企業、公司的定位呢？這些企業大老闆左右著數百人的生計，一旦在他們一念之間走錯了方向，那整個團隊的未來就堪憂了。

有位知名的中國運動員以自己名字開了一家公司，專賣體育用品。這個品牌一度紅遍中國，可說是無人不知、無人不曉。但最近公司的最新口號改成

「Make the Change」（讓改變發生），LOGO也是全新設計。當然一般消費者最熟知的還是早期的「一切皆有可能」。

根據我們公司這邊查到的相關資料記載，該品牌更換口號也不是一次兩次了，每次宣揚的理念都不同。

一開始，品牌的主要購買者大多是年輕學生，如今這些已經三十歲至四十歲的族群依舊是該品牌的忠實支持者。當公司要繼續發展時，卻沒有新的一個消費族群來支撐，那是不是就該考慮自己的品牌定位是否正確呢？

現實的問題是，如果這個品牌為了鞏固老顧客而不創新，在新的消費觀念和其他品牌的衝擊下，不少老顧客可能反而會轉變觀念，去購買其他品牌的產品。因此，想要迎合新興消費族群，該品牌自身首先需要轉換觀念，引進新的設計理念和新的技術。

他們應該怎麼做呢？既要照顧到新的年輕消費族群，又要兼顧支持了自己十幾二十年的老客戶們。這下子，消費者的年齡跨度就相當大了，該如何兼顧？若是死忠消費者不能接受新的設計理念，年輕的客群們又無法認同，只弄得兩頭尷尬。由此可見，在消費族群方面，該品牌的定位早就出現問題。

我再舉個國外品牌的例子。Nike 和愛迪達是許多學生首選的運動品牌，它們對自己產品的定位是運動精神的靈魂，完全跳脫年齡族群的制約因素，從一個新的高度來重新詮釋體育運動的本質與運動精神。

啤酒是許多男性生活中不可或缺的飲品，那麼有沒有一款啤酒是專為女性量身打造呢？這個市場當初一片空白，能看到此商機的業者不多，成功定位自己就是女性啤酒的領導者的更少，但能堅持下來的必定成功。

英國啤酒品牌嘉士伯看到市場需求，便推出「夏娃」（Eve）系列成功搶占通路，其關鍵便在於自身的品牌定位。從瓶裝猶如女性身材嬌美的造型，誘人的口感和最吸引女性眼球的外包裝，都成為女性啤酒的不二之選。

定位清楚才知道要「學什麼」

只有定位明確的企業才能成功，同樣的，只有定位明確的人生才能成功。

如果你對烹飪有興趣，那你的職業定位可以是受人尊敬的五星級飯店主廚，也可以是社區門口早餐店的老闆。

如果你想要學唱歌，那你的職業定位便可以是風靡亞洲、世界的超級巨星，或是酒吧、餐廳裡彈著吉他低聲淺唱的自由歌者。

如果你喜歡寫作，那你的職業定位便是寫下《百年孤寂》的諾貝爾獎得主馬奎斯，或是就職於某家雜誌社的採訪編輯。

我們要給自己一個正確的專業定位和學習定位，日後便會有準確的職業定位。這就牽涉「學什麼」的問題，只要解決了這個問題，下一步你就可以琢磨「怎麼學」了。

無論是誰，不管你將成為令人稱羨的企業執行長，還是悠閒過著自己小日子的平凡人，你都必須先想清楚，都需要對自己有一個正確的定位——從專業定位、職業定位、家庭定位、經濟定位等，在明確定位後再付諸努力、實踐，這樣才會接近你的目標。

我常發現身邊有很多人在學業上、事業上不順利，他們往往認為是自己能力不夠、努力不夠，但其實還有一種可能，像是選擇了並不適合自己的工作，因為不清楚自己要什麼，所以達不到自己的目標，導致情緒低落。當我們定位準確時，就要持久的朝著目標前進、努力。這也就是為何，我認為某種程度上，「學什麼」比「怎麼學」更重要。

◉在成功者的肩膀上學習

說到「學習」，大多數人直覺想到的是，坐在教室裡聽著講台上的老師講課，回到家悶頭寫作業。的確沒有錯，這就是學習，是受教育，但這樣定義「學習」未免有些片面又很狹隘。事實上，學習無所不在。

在大學校園裡，學生不僅要學習自己的專業知識，還要去學習如何融入未來即將面臨的社會現實；在公司裡，新來的員工需要向資深員工學習，如何完成工作與上司、同事溝通協調，一起合作完成工作；一旦成為主管、管理階層更需要學習，向知名企業家學習，如何讓公司經營更成功，走得長久。

成功要人幫，先抱前輩的大腿？

小至意氣風發的學生，大至老當益壯的董事長都需要學習。當你找對未來前進的方向後，如何學習便是關鍵：要一味的閉門造車，還是打開門來，循著前輩的足跡，聰明的去抱住前輩的「大腿」，在他們的帶領下迅速進步，縮短成功的時間？

很顯然，有人幫助，事半功倍。那麼前輩的「大腿」真的那麼好抱嗎？

我有位客戶Ｆ先生，他相當熱愛攝影，每年都會花很多時間到各地拍照，也參加攝影大賽。只是多年以後，他花了不少錢買設備器材、前往各地拍照，卻始終未能獲得任何攝影獎項肯定。

最後他才明白，雖然可以透過努力和重複的探索實踐，獲得很多的拍攝技巧和經驗，但是，如果沒有一個前輩的指導，還是無法真正成為一名專業的攝影師，充其量只是一位業餘愛好者。為了突破現況，他必須獲得優秀前輩的指點與引薦，把自己的作品放到高水準的平台上，才有機會讓別人看到，一舉成名。

再舉個例子，有位企業新員工對於單位工作還不夠了解，缺乏實戰經驗，此時若貿然上陣，可能馬上就出差錯。不管是得罪客戶，搞砸工作，甚至可能會因此丟掉飯碗。此時他有兩種選擇：其一得過且過，直到有一天待不下去，變成一個被社會或職場淘汰的人；其二，向業界的佼佼者學習，努力進取創新。第一種選擇當然不可取，是最糟糕的狀況；若是做了第二種選擇，那只要他足夠優秀，總會有出頭之日。

網路是最好的學習平台

接著問題來了，在茫茫人海中，如何找到真正對自己有幫助的老師呢？

此時，你可以借助互聯網這個神奇的平台，它可以幫助你快速找到自己想要找的人。你需要有一雙慧眼，從網路資料中找到相關的人，斟酌比對，找到「對的人」後，打聽有沒有相關的講座和訪談等。

這些成功人士一般會在節目裡暢談自己如何成功，要切記的是，你要從中找到對自己有用的東西，辨別真假。當有了「成功祕笈」後，你要做的不是立馬原封不動的照抄，而是得將這些東西吸收消化，經過融會貫通、舉一反三後，重新更新為適合自己的「獨家祕笈」，這時候再按表操課會更加得心應手。

當然如果身邊就有可以學習的前輩，是最快最直接的方式，相信只要有心，任何人都不會拒絕一個想要虛心求教的人。對年輕人來說，能夠提早累積人脈，認識一些關鍵人物，並從他們身上學到更多的知識，提升自己的能力，進而認識更多的前輩，建立強大的人脈關係極其重要。

一個人想要成功，自己的努力固然重要，但是一個人再厲害，也不如有人給他指點迷津。日常生活中，你是否感覺很多事情都力不從心呢？當我們像無頭蒼蠅那樣盲目的到處亂竄飛撞時，為何不認真「請人幫忙」打破這堵屏障呢？

雖然說前輩一般都高高在上，不是什麼人都能得到他們的幫助，但我們還是要努力去爭取機會。至於怎麼「請」？你可以採取很多不同的策略，這就是你自己的事情了。

但這一切的先決條件都是，你要對某個行業產生極大興趣，才會有更大的動力繼續向前，畢竟別人再怎麼從旁激勵，灌再多「心靈雞湯」，最後該努力的還是你自己。只有從內心對這個行業或事業付出「真心」時，就離成功不遠了。

找到、找對專業領域的前輩

尋找自身領域的前輩，是我們尋找老師的第一步，他們能提供我們實質上的幫助，雖然有些人在不同的場合或書中會告訴你：「你可以從『任何人』身上學到東西。」但是請注意，這句話在一些專業領域並不適用，尤其是在工作職場上，你會向公司的行政人員學習如何進行市場策畫嗎？你會向部門的新人學習如何把業績做得更好嗎？顯然不會。

任何領域都有一定的門檻，要成為某個領域的老師或達人，必須具備很多條件。至少要有很長的工作資歷、豐富的經驗或特殊的本領等。

從閱讀中向優秀的人學習

若是你自覺實在看不出這些前輩究竟是哪些人，我可以教你一個較為簡便的辨識方法，就是看看業內其他知名的公司，相關位置上坐著的那些人，不論是設計師、產品經理、市場總監、行銷主管等，這些人一定是該領域內的前輩與佼佼者，他們足夠資格當你的老師。在你任職的公司裡，那些職位在你之上的人也都有能力擔任你的老師，只要你能打動他們，便可以從他們身上學到東西。

還有一個方法是，你可以看一些商業刊物、報導，記者、編輯會訪問不同領域內最優秀的人，只要定期去閱讀、瀏覽，你一定能從中發現自己感興趣、值得學習的人，讀到讓人恍然大悟的觀點。如果你能在現實中與他們建立聯繫，那就再好不過了，這意味著你有機會當面向他們請教，並且建立更深入的關係。

在多年的諮詢與培訓生涯中，根據我個人的經驗，如果我對一位客戶的採訪主題引發他的興趣，同時他的回答又與我產生共鳴，那麼我就會更深入的去挖掘，在有限的時間內和他探討更廣泛的、類似的話題。這種積極作法，讓我因此結識許多有獨到見解的朋友，他們在一些領域內足以成為我的老師。

所以，當你有機會與前輩不期而遇時，如何迅速結合自己的興趣，並從他們那裡獲得知識？除了積極的態度和良好的方法，不妨針對自己所處的行業列出一張名人錄，仔細去搜尋每個人的資訊、新聞，看看他們最擅長的東西是否正好是你感興趣的。看看他們經常獲獎的是哪些專案？你是否對此感興趣？如果感興趣，就可以繼續深入了解這些專案，就像是打開一個無窮的金礦，看到無數的優秀個人或者團隊，而他們就是你最好的老師。

學習專業看法與生活態度

萬一你身處在一座偏遠城市、一家很小的公司，或本身的社交工具有限，難以輻射較大的範圍，很難與這些專家達人面對面交流，這時候該怎麼做呢？

這個問題很實際，也是多數人常面臨的情況，那麼我會建議，你的首選管道應該就是互聯網，先在網路中搜尋相關文章，尋找這些卓越人物的採訪內容和專欄，關注他們的社交媒體，比如推特和臉書等。這樣你就能夠了解他們的想法，知道他們究竟在做些什麼。你便可以很輕鬆的了解他們的關注點，並結合自己的情況，找到自己真正需要的東西。

總之，要找到學習的對象有三個重點要記得：

首先，透過互聯網平台，讓自己在互聯網的大海中遨遊，並且把它當作學習工具和學習平台。從中找到任何你想學習的知識，找出可以成為你前輩、老師的人，這是一個值得我們終生運用的「資源庫」。

其次，要多關注前輩對於事物的看法，這是向前輩學習時，最應該關注的重點，究竟他們有和與眾不同的思考方式和見解，從中找出有什麼是你也同樣認同的觀點，特別是對工作的看法，這往往是你最直接需要又有用的。

最後，要多了解這些人如何看待生活。真正優秀的前輩對於生活也有獨特的看法和見解，從中看到自己與他們的差距，然後不斷提升自己，努力追趕，縮小與他們的差距、也拉近與成功的距離。

作法篇：你要交的七種學費

找到好老師，就是成功的保證？在此之前，你要交的學費有七種：

時間

令我印象最深刻的「老師」，是當年在長江實業的第一位上司，也就是銷售部的李經理。他給了我極大的幫助，教會我很多銷售公關中的實戰技能，並引導我走上了與之前截然不同的事業道路。你可能會問：「他是在你工作三個月後告訴你這些的嗎？」我的回答是：「不，直到兩年後，我才充分體會到他教我的東西是多麼寶貴。」

事實上，所有的知識、技能，都不是由前輩親口告訴你的，而是要在觀察和學習的過程中親身體驗，在錯誤中總結，在跟隨中模仿，並在模仿中創新，最後形成你自己的東西。這過程需要時間，而且是一段相當漫長的時間。要領悟一位好老師教授給我們的知識，至少需要好幾年慢慢體會。

意志力

有個人找到了一位可以學習的前輩，於是他打起精神，甚至還有些興奮。起初，他覺得自己真是太幸運，這位前輩能夠指引他走向成功，為他解開困惑，甚至改變命運。不過，還沒三個月時間，他就開始感到厭煩：「為何我還沒有任何重大的突破或表現？為何我還沒有升職？為何我還沒有拿下更多業績獎金？」又過了一個月，他逐漸失去熱情，失望的轉身離開，回到先前不思進取的狀態。

現實中許多人不缺少雄心壯志，也不乏宏偉藍圖，但往往沒有堅韌的毅力。他們堅持不了多久，就會產生退意，重新退回到安逸的狀態中去。再好的老師也無法改變他們的人生，哪怕產生一點點積極的影響都不可能。最後結果就是——人們不斷的遇到好老師，結識願意幫助自己的前輩，但又不停的錯過機會，浪費這種寶貴的關係。

當你踏上尋找之旅時，我必須多問你一句：「當你對一位好老師求知若渴時，你準備好了嗎？你一定要做好堅持和忍耐的準備，並跟內心裡另一個懶惰、貪圖安逸的自己進行艱苦的鬥爭！」

金錢

向別人學習，也等同是在和別人往來，難免會有一些必要的金錢支出。此外，你還要購買相關的書籍進修，提升自己，這也是一筆不可省的必要支出。

冷眼

有時你會遇到性格古怪的老師或脾氣暴躁的前輩，他們根本不理人，你很難敲開他們的房門，也很難從他們那裡學到什麼東西，有的老師乾脆用「負面甚至惡毒」的評價打擊你的自信，讓你最後連開口請教的勇氣都喪失殆盡。這些都是我們必然遇到的情況，很少有人運氣好到第一次就找到願意傾囊相授的老師和前輩，總得經歷一些挫折，所以，你更要先做好這方面的心理準備。

只是在碰了一鼻子灰時，該怎麼辦呢？首先，不要垂頭喪氣，也不要失望的離開，要堅持下去，因為你的堅持往往是對方最想看到的。接著，適時展現你的價值，讓他看到你的與眾不同，也就是讓他發現值得教你的原因。如果你做不到這兩點，你就很難獲得機會；如果你做到了，你就會被鍛鍊得越來越強大。

方向錯誤

找錯老師最致命的代價是什麼？答案是：你會走錯方向。

這個結果顯而易見，假想你跟隨一位前輩奮鬥了五年後，卻突然發現自己根本不適合這一行；更具體一點說，例如你學了三年的理髮，最後卻覺得自己更適合去當廣告設計；你做了十年的銷售業務始終沒有成績，突然有一天才意識到自己跟錯了師傅。

這些狀況很常見，多數人都會在自己一生的某個時候後悔當年的選擇，這可能就是一開始找錯了老師和榜樣，例如因為對某人的崇拜而選擇了其行業，受啟蒙老師的影響而去做了某件事，最後走向一個自己根本無法駕馭的領域。

但是，當你發現方向錯誤後的態度是如何？你會失望、消沉，還是繼續努力？這是我們尋找與選擇一位好老師前，必須先思考的問題。如果想避免付出這種學費，那麼一定要對自己有清楚的認識，找到興趣所在，才能避免走錯路。

放下自尊

在面對一位老師的苛刻眼光和標準時，你會發現自己不只矮了一截，而且自尊受到嚴重打擊。有時這是一種刻意的刁難，但不妨想像是一種考驗。如果你連這一關都過不了，那麼前輩可能覺得你根本沒有可塑性、也沒有足夠韌性，未來如何承擔大任？因此，你要做好犧牲自尊的準備，至少在初期無法避免。

辨別力

如何分辨好老師和壞老師？如何找到適合的前輩並且獲得認同？這些問題顯然都考驗著你的判斷力，這種判斷力來自我們對生活和工作的洞察，以及對人性的深刻認識。也是你必須跨過的第一道關卡。就像前面所說，我們為什麼會方向錯誤？正是由於缺乏判斷力，從而選錯了老師，走錯了方向。所謂的「方向」是一個比較廣泛的策略目標，因此要落實在具體的細節上時，我們難免會犯錯。例如：一位和藹可親的老師是「好老師」，但在學習幾個月後才發現，除了好脾氣，這老師根本不能再給你什麼東西。

回過頭來，我們要對自己的需求做出一個全面而準確的判斷：「我到底需要什麼？我想從老師那裡得到什麼？」這時你可能會發現，原來自己喜歡好脾氣的前輩只是在照顧自尊心，而不是在解決實際的需求。

Chapter 6

好合夥人，為理想人生加速

◉找到好夥伴，就成功了一半

「合夥人就像你人生中的枕邊人，他（她）在很大的程度上決定了你能否成功。」

「沒錯，選錯合夥人就倒大楣了！」

你一言我一語，這是剛剛創立「甜點小屋」的「閨密合夥人」琳達和劉心與我們顧問的對話。她們兩個人自大學時就是好朋友，畢業後在不同的領域各自發展，卻出師不利，碰了一鼻子的灰，繞了一圈才決定合作。

一起創業的那些鳥事？

琳達的家境富裕，是位千金大小姐，因為家族數代經商，從小就很有商業頭腦，直到父親的公司近年破產，而不得不面對殘酷的現實。劉心則來自一個小城鎮的普通家庭，她從母親那裡學會做蛋糕的好手藝。她們在一次簡短的會議後一拍即合，共同籌資一百萬元資金，創立了她們現在的事業——甜點小屋。

「剛起步當然是最艱難的，」琳達說：「雖然我們其中一個人有手藝，另一個人懂經營，但僅靠這兩項特質就創業，顯然還是不夠的。為了提升蛋糕技藝，劉心不得不辭去兩份兼職；而我則是每天到處找投資、做網站。過程中，為了要找到真正厲害的人來幫忙，得要厚著臉皮，面子和自尊心解決不了問題。不過我們堅持下來了，不是因為賺了多少錢，而是找到彼此事業上的最佳拍檔。」

「我們也曾經嘗試加入第三個合夥人，但遺憾的是，那個人在合作過程中，除了指手畫腳，什麼都做不了，非但無法適應困境，還差點拖我們下水。還好我們當時沒有放棄，才有了現在的一點成績。」琳達嘆了一口氣。

從琳達和劉心的成功案例看得出，這是一對完美的合作夥伴，她們成功的原因之一就是彼此有默契。找到對的合夥人，就為你的事業成功打下堅固的基礎，幾乎是已經成功了一半。

一位好的合作夥伴首先要有共同的目標，能保持步調一致，一起吃苦任勞任怨；其次要各有所長，彼此互補又分工明確，各自負責擅長領域，而不是互相插手干涉。

小心合夥人變拆夥人

合夥人之間一旦經常發生齟齬，哪怕是微小的裂痕，都可能導致失敗的下場，甚至友誼破裂。

很多公司在創業初期都是「朋友公司」，既是朋友又是同事，大家一拍即合共同創業做一件事。就像琳達和劉心一樣，一個負責技術，一個負責市場，堪稱完美的創業搭檔。

這種模式的合夥人企業既有優勢，也有明顯的缺陷。優勢是，大家原本就志趣相投，不容易在大問題上產生分歧；缺點是，從朋友關係轉變成合夥人時，就不再是純粹的朋友，有利益夾雜其中，很多事情沒辦法從原則上講清楚。

在電影《海闊天空》中，佟大為所飾演的王陽在最後領悟出了道理：不要和最好的夥伴開公司。現實生活中的佟大為尤其認同這一點，因為他曾經跟朋友一起合夥出資開餐廳，只是最後開餐廳的事情沒了，投資的錢也拿不回來。

就像他自己演出的電影情節一樣，當三個人的價值觀和人生觀都不同時，即便最初的合作是甜蜜的，最後的決裂也成為不可避免的結局。

◉好壞與共

香港名導陳可辛在電影《海闊天空》上市時，曾接受媒體採訪，說了一句饒富趣味的話：「中國人只能共患難，不能共富貴。這不全是因為財富，是尊嚴、面子、貢獻，是對方有沒有認可你的付出。」

在陳可辛看來，這部影片在大陸上市的片名《中國合夥人》中所用「中國」二字，便帶有點反諷意味，他覺得，中國式的合夥常公私不分，是一大弊病；很多人都是從朋友開始，一起患難，但到了共富貴時，卻往往分道揚鑣。

對此，我曾經和很多洛杉磯地區的華人企業家探討過，也深入了解他們當年尋找合夥人時的心態與目的。

在唐人街有家廚具公司經營已有二十年歷史，從早年三個人的雜貨店發展到成為超過一百個員工的規模。談到合夥人，公司創辦人王先生便很有感觸：「我剛到美國前五年，至少換了七、八個合夥人。原因很讓人不解，最困難的時候大家都很團結共患難，一起吃苦，不拿錢只付出，根本沒什麼問題，而且很快樂。但公司開始獲利後，問題就來了，為了錢的分配就開始有誤會與爭執，這點令人很遺憾。」

共患難，卻無法同享受？

因為有一個美好的目標吸引著大家前進，共患難好像很容易，但等到可以同富貴時，人性的差異和利益的分歧就會增大，考驗著合夥人之間是否真正契合，以及對於未來的判斷和追求是否一致。

陳可辛早年曾和好朋友合夥創辦一家「ＵＦＯ」電影公司，那時候他負責創作和內容，曾志偉負責創意指導，行政工作歸鍾珍管。後來，團隊中又加入導演李志毅、張之亮與編劇阮世生等人。他們的團隊益加壯大，理論上公司應該會越發展越好，但是結果並非如此，幾年以後，這個夢幻團隊就解散了。

在拆夥那天，陳可辛不斷自問：「我做錯了什麼才導致這樣的結果？我們之間到底發生了什麼事？」一起初，他百思不得其解，後來見到許多團隊也發生類似結局後，才終於悟出了合夥人的道理。

對創業者來說，造成這種局面的原因為何？最主要的原因在於，創業成功後，每個人的「身價」今非昔比，追求也開始不同。當然，一開始發生分歧時，大家還不敢「碰撞」，不批評對方也不提出意見，表面上看起來很和平，心裡卻越來越遠。到最後，就只能走上拆夥一途。

避免悲劇發生四種作法

人們願意在最困難的時候互相扶持，卻無法在成功時共享成就。因此，大多數合夥人最後都遺憾的分開了。我們要如何避免這種悲劇發生呢？

首先，尋找可以共患難的人。對一起打拚事業的人來說，共患難是最起碼的基礎。連困難都不能共同承擔，見到難題就躲，只想最後分享成果，這種人肯定要遠離。在多年的培訓課程中，我也一直對企業家學員強調「患難意識」，就是希望每位創辦人與合夥人、或者共同管理一家企業的人，都可以在危難之際不離不棄。

其次，同富貴時，要注意利益必須一致。這點很難做到，但並非做不到。最關鍵的重點在於必須事先說好利益分配方式，而且獲得彼此的共識。不管私底下多熟，你們要一開始就開誠布公，有話早說，盡可能將利益分配問題放在檯面上討論，而不是暗中較勁。後者最容易讓你們的事業體與合夥關係分崩離析，也讓你們的友情喪失殆盡。

第三、提前規畫，並且就事業發展的藍圖進行全面性的規畫。你們都要一起參與，讓發展事業成為大家共同的事，而不是由某個人主導，其他人只是配合。扮演配合角色的人早晚會有異心，甚至覺得這不是他的事業。

切忌讓你的合夥人成為配角，一定要讓他也是主角之一，你們要多進行商討，採取一種平等和互讓的態度，這樣的合作關係才會越來越好。

最後，性格的磨合很重要。所以你要先尋找性格相符的人，因為志趣相投的人在共同做事時效果最好；如果性格不合，則要想辦法磨合。你要記得，性格是最易被忽視而作用又非常巨大的因素，這點對合夥人而言，更可能是雙方事業的隱形殺手，平時不見蹤影，一旦出現雙方不合，就可能產生嚴重的後果。

◉找對合夥人的三關鍵字

找到人品、才能都一流的合夥人，是塑造一家卓越企業的關鍵。就某種意義上來看，這句話也同樣適用在公司招聘人才上。優秀的人才也是你創業過程中的重要人脈，他們有時比與你平起平坐的合夥人還要重要，因為他們的表現決定了你的事業走向。

寶鹼公司前執行長理查・杜普立曾說過：「如果留下辦公大樓和品牌，卻把員工拿走，寶鹼將必倒無疑。」他一語道出：優秀的人才是企業生存的命脈，其他的都是次要因素。你要擁有一個優秀的團隊，才能保證事業不墜。

「才能」是基礎，「人品」是翅膀

有才能的合夥人對任何一家公司來說，都是最重要的發展基礎。現代企業要拚的是人，而且是有才能的人。

然而，「何謂有才能的人」？有些老闆認為，能力是人才的唯一要素。他們覺得，只要對方有能力，能在專業範圍內有所發揮，就能為公司帶來獲利。這種看法不全然是對的，反而可能因為老闆的這種錯誤想法，而使得公司陷入泥淖，甚至事業上也會因此面臨重大的危機。

我們先來看一則寓言故事。

森林之王老虎為了自己的雞舍不夠牢固，圈養的雞總是走失一事，傷透腦筋。於是，老虎請來聰明的狐狸建造一座全世界最堅固的雞舍。狐狸欣然的接下這個任務，也沒有辜負老虎的期待，終於建好一座既堅固又美觀大方的雞舍。

狐狸說，有了這個雞舍，老虎就可以高枕無憂，再也沒有動物可以偷走任何一隻雞了。但結果並非如此，老虎反而更加納悶，為什麼雞舍裡的雞還是不斷減少？

也許老虎一輩子也不會知道真相，因為雞舍確實非常牢固，沒有其他動物可以進入，但是聰明的狐狸卻在雞舍裡留下一條密道，可以自由進出偷雞。狐狸確實有能力又很聰明，但是，卻用自己的才能，把老虎玩弄於股掌之間。

看了這個故事，我們應該理解，有高尚的品德卻沒有才華的人是平庸的，然而才能出眾卻沒有道德的人卻極其危險。你想讓事業站穩腳跟，就一定要招募德才兼備的人，讓他們加入你的團隊中，成為得力助手。

選「人」還是選「品」

有人曾說過，當你無意間犯了錯，卻很誠實的承認犯錯，那麼企業會原諒你，當成是一次教訓；但是如果你違背了企業的價值規範，那就無法原諒。

一個人的價值觀是否正確，決定了他是否擁有良好的品格。

為什麼公司要選用價值觀一致的人？這是為了建立起一個共同的目標。倘若合夥人的價值取向有問題，當他覺得公司的某項業務是不值得的，那他就很難把工作做好。選他當合夥人，肯定很難融入公司文化。

因此，我們在找合夥人或選拔重要幹部時，應當先了解對方的價值取向，才能找到對你和公司真正有用的人才。

美國知名跨國企業GE的員工選拔制度相當完善，除了注重對方的才能，更加重視對方的價值觀。在員工的考評制度中，有一項獨特的「三百六十度評價」，以確保他們可以全方位的考察一個人是否適合公司，是否可以委以重任。

ＧＥ最為傳奇的前執行長威爾許曾經說過：「不論一個人的工作成績再優秀，倘若他個人與企業的價值觀不同，企業也不會選擇這位員工。」是的，ＧＥ的管理階層都認為，每位員工都必須接受內部與客戶的全方位評價。這種評價一共分為幾個階段，每個階段的評價小組都由十多個人組成。日常工作中，員工的行為是否符合公司的價值規範，便是評價的標準。

ＧＥ這種獨特選才制度，也同時用在內部管理人才的任聘上，以尋找優質「合夥人」，找到更好的管理者。長期以來，ＧＥ都是從外部選拔管理階層，以便吸收更多優秀人才，共同為公司效力。

由此可見，這些跨國企業在選拔人才時，不只看個人的能力，還有個人的價值取向和道德觀念。不管是對普通職員、管理層還是合夥人，都是如此。

你是否認同公司「價值觀」？

有家服務型公司旗下有很多分公司，包括家政公司、專門負責幫助農作物滅蟲、養護樹木的公司等等。他們的公司開宗明義，以提供人們最好的服務為目標，這就是一種企業價值觀。

有一次主管會議上，董事長播放一段關於求職人員的影片，其中一位前來應徵的女士，她對面試官說：「雖然我是一個女人，但是我很喜歡服務工作，因此希望貴公司能給我一個機會。」這位女士的語氣誠懇，公司的人事經理評估後，決定錄取她。

影片中有另一位男士則說：「我很希望能夠成為貴公司的一員，但是我對於服務類業務並不熟悉，如果可以的話，希望可以做管理類工作。」董事長對與會主管說：「很明顯的，這位應徵者並不適合我們公司，因為公司的主要業務就是服務，而他擺明對服務不感興趣，與公司的價值觀相去太遠。」

換句話說，如果一個人只想到公司做管理工作，不想為客戶提供服務，就表明他無法融入公司，與同事共患難，必須拒之門外。

最後，這位董事長指出：「並不是每個前來應徵的人都能接受公司的價值觀，所以想成為其中的一員，價值觀要與我們一致，這點毋庸置疑。一旦有人價值觀不一，根本不用考慮是否任用。」

每個人的言行都會受到個人價值觀所影響，所以，當你在尋找合夥人時，除了要清楚對方的能力外，還要確認是否價值觀也與你和公司契合。對一家企業來說，員工的價值觀如果與公司的價值觀背道而馳，會很難具備凝聚力，也難以發展壯大。

◉對工作有無比的熱情

有位知名企業家曾說過：「一個人只有對自己的職業充滿熱情，才可能做出一番成就。」確實，若是想成功，必須對事業充滿熱情才可能。我們要尋找的合夥人，也要具有這種熱情。

曾經有管理學家對知名跨國企業執行長進行訪談，最後發現這些企業家之所以會成功，並不是因為他們的學歷有多高，甚至有一半的人學習成績並不好，其中還有一半的人甚至連大學都沒畢業。

這樣的結果證明了什麼？這些執行長之所以成功，大多是來自於他們對事業的無比熱情，對事業的熱情是一個人能夠立足和發展的重要原因。只要對事業有著滿腔熱血，再普通不過的人也會因此閃閃發光。只有當一個企業的高層，對事業擁有無比的熱忱，才能領導一個企業走向成功。

「從沒有工作過」的愛迪生

有位社會學家說過，現代人過於看重物質，情感也越來越淡薄，對於任何事物都不再有追求的熱情，這種人在事業上很難有所成就。

對事業擁有滿腔熱忱總是潛藏著巨大的力量，但是許多企業管理者和創業者並不把這當一回事，當他們在尋找和招聘管理者、合夥人時，經常忽視這一點，篤信有足夠能力最重要，結果等到實際工作才發現根本不是那麼一回事，更為此付出不少代價。

如果可以找到得力的工作助手，我們就能夠獲得雙倍的成果；但是如果找到對工作滿懷熱情的合夥人或管理者，我們的收穫則達數倍之多。

對工作的熱情能讓一個人發揮自身本領與潛能，並且將其最大化。西點軍校將軍大衛．格立森曾說過，「一個人想要成功，就必須擁有追求理想的熱情，唯有如此他才能盡最大努力去發揮自己的才能。」

曾有位知名管理學家也說過，「工作對於我們來說是相當有趣的事情，我們從中獲得了許多意義。作為員工，若是想符合公司的要求，便應當在工作中學會如何處理好自己的人際關係。」

傑克．威爾許認為，對工作的熱情還能體現出員工對工作的價值。科學家愛迪生一輩子都在研究、熱中發明，可是他卻說：「我這輩子從來都沒有工作過。」他甚至認為自己可以做得更好……這些都展現一種對於工作的無比熱情。

對工作的熱情意味著……

那麼，到底什麼是對工作的熱情？它主要表現在當你遇上感興趣的工作時，會高度集中精神和氣力，全神投入；像是當你所帶領的團隊遇上挑戰時，你的反應不是垂頭喪氣，而是迫不及待與興奮面對，就像碰到喜歡的事物一樣，有種戰勝它的衝動和激情。具體來說，對工作抱持熱情的定義包括：

一、對事業發展的使命感。

企業高層、管理者可以左右企業未來的命運，也決定一般員工的職業前景。有位知名的企業家便說過，作為企業的管理高層，一定要知道自己肩上的重任，要有強烈的使命感，不只自己要做到這點，還要影響員工，讓他們也對工作充滿熱情。這就是對我們合夥人的要求。

有一次，日本經營之神松下幸之助去探訪一位商人。聊天過程中，松下得知這位商人最近的生意很差。松下相當同情，想為他出點主意，便問：「你經營這家店已經幾十年，店裡也有數十名員工，遇上這次大環境不景氣，生意不好也是自然。但是，到現在為止，你失眠過嗎？經營一家店相當辛苦，尤其生意不好時，必須竭盡心力想新對策，才能找到克服困難的方法，為此，可能會連續數天都難以入睡。」

那位商人聽了以後，搖了搖頭說道：「我還沒有失眠過。」

松下又說：「倘若你的事業還沒有陷入困境，那當然不會失眠。但是現在面臨經營困難，整家店的未來全都掌握在你手中，幾十名員工的生活也都仰賴你，如果你還沒費心到失眠，卻有心思對我訴苦，我覺得你還沒用盡全力。如果你能夠思考對策到失眠的話，就一定可以度過難關。」

二、**代表一個人的責任心。**

一個人若是對自己的事業充滿熱情，必定會珍視個人與公司之間共同的價值觀，也會毫不保留的付出心血。唯有充滿熱情，才會對工作更加認真負責；沒有熱情的態度，哪怕賦予再重要的職位，也拿不出什麼成績。

我們為什麼要找合夥人？因為經營公司不是單打獨鬥，需要充分建立好人脈關係，才能把事業做大，最終成功。

熱情是非常寶貴的一種態度，也是我們判斷一個人是否有資格成為合夥人的重要條件。當一個人來到你的團隊後，意味著他要承擔一定的責任，職位越高，責任也就越大，若是沒有足夠的熱情怎麼可以？

在具體的工作上，處理每件事情都是在履行責任，做得好便是具體的履行了自己的責任；做得不好，出現意外可以得到諒解，但是一定要承擔相對的責任，記取教訓，避免類似事情再次發生。這個基本要求，對每個人都一樣，對重要職位的人來說更是如此。

有了這種熱情，才會有相對的責任心和當責意識。對於高層管理人士來說，勇於承擔責任是必備條件之一。一個管理者只有對事業負責，才會讓下屬敬愛他，視為榜樣；如果企業高層總是帶頭卸責，遇事就推得一乾二淨，那就不是一位優秀的管理者，也不會有員工願意跟著這樣的上司。所以，選擇合夥人時，一定要特別注意這點。

三、**決定一個人投入工作的程度。**

倘若我們對事業充滿熱情，便會主動且全心投入工作，甚至忘我。對於事業剛起步的人而言，合夥人必須有這樣的奉獻精神，有共患難的認知，否則合作就很難持久。

舉例來說，比爾．蓋茲在創業初期，公司大小事都親力親為。不論再枯燥乏味，他都能憑藉自己的滿腔熱血與熱情全心投入。儘管與他年紀相仿的人都還在學習，或享受生活樂趣時，他卻不眠不休的連續工作，不怕吃苦。

比爾．蓋茲曾說過，如果他對事業沒有熱情和激情的話，就不會有今天的成就。所以，他就是非常優秀的合夥人典範。同理可證，我們也必須充滿熱情，願意為一項事業付出自己的全部，才能打動更多優秀的人才一起加入，創造更成功的事業。

◉敬業是基本條件

敬業是一種優秀的工作態度，想方設法把工作做好，對工作充滿幹勁與熱情，這些都是敬業的表現。所以，敬業是挑選合夥人的重要標準，也是將事業做好的保障。無論何時，要選擇生意上的合作者，尋找股東或管理人員，我們都要把敬業作為考量因素之一。

把事情做完，還是做好？

一個敬業的合夥人，能夠在整體與細節之間轉換，既可以在宏觀角度制定企業的發展策略，也可以在微觀層面解決複雜實際的問題。他會著眼於小處，做很長遠的打算；他擁有熱情，全心投入工作，自然能夠展現高效。

美國有一本管理類雜誌《經營管理》，有次規畫以一位知名企業家作為雜誌封面人物，便安排攝影師進行後續拍照的相關聯繫工作。企業家到達拍照現場時發現，攝影師老早就到了現場，還提前安排好拍攝要用的場景、道具等，可以說是萬事具備，只等他來。

這位企業家相當意外，只不過是拍一張照片，當初預約拍攝的時間不過一個鐘頭，為什麼攝影師還如此耗費心思前來準備安排？

讓他更加驚訝的還在後面，在短短的拍攝過程中，快門的閃爍令人眼花撩亂，攝影師竟然拍出多達一百張照片，還同時兼顧到場景色彩的變換、安排這位企業家擺出各種姿勢與不同角度，效果之好令人驚豔。最後，企業家完全折服於這位攝影師的敬業。

在拍攝工作結束以後，企業家和這位攝影師聊天，他才知道，攝影師並非雜誌社的專職員工，而是受委託拍攝雜誌社所需要的照片。換句話說，他是一位特約人員，與雜誌社進行專案配合而已。

而且這位攝影師的「戰績輝煌」，曾至中東戰場上進行拍攝，有次還差點「陣亡」！因為當時炸彈此起彼落，他顧著搶拍沒有離開現場，直到有顆炸彈竟然飛到他的身邊，即將爆炸前一刻，他才抱著攝影機滾進壕溝中，但他也拍下一張炸彈爆炸的寶貴照片。

這位企業家聽完，心驚膽跳的說：「只有像你這麼熱愛自己工作的人，才是真正的高手，才能有所成就，我應該向你學習，更需要像你這樣的合作者！」

這種做起事情就忘我投入的熱情，是每個公司都期待的人才，也是我們尋找的合夥人必備條件。

當然，這種「敬業精神」可不是三分鐘熱度，還要有持續性。至於公司方面自然要想方設法制定合理的激勵制度，讓合夥人對我們的事業感興趣，讓員工對這個團隊有參與感，才能讓敬業轉化為持久的熱情。

找合夥人難度不比擇偶小

尋找一位優秀合夥人的難度不亞於擇偶，切記，選擇合夥人時一定要格外慎重。很多人在需要幫助時，可能會病急亂投醫，只看到對方的資金或人脈，而忽略了對方的人品或其他重要因素，湊合著選擇一個合夥人。這種粗糙的作法，未經仔細考量、篩選找到的合夥人，可能成為你埋在身邊的一顆炸彈。

我們都知道，想要做出一番事業，就相當於組建一支團隊，通常都需要合夥人共同打拚，內部運作要合作和分工，有管理也要有執行。

創業初期，團隊裡的每個成員都必須各有所長，必須是不可或缺的角色，這樣不僅能在不同面向提出更多的好建議，也可以增強創業團隊的力量。如果一開始就「勉強」選擇合夥人，後期卻發現對方在團隊中並沒有發揮任何作用，這時候想把對方踢出團隊，往往是「請神容易送神難」，搞不好還會落得「過河拆橋」的罵名。

我們曾完成一份調查報告，研究顯示傳統企業家通常是單槍匹馬打天下，一個人白手起家；到了二十一世紀，許多新創公司企業家卻反而是「團隊創業」，他們不再信奉「一人闖天下」的神話，而是選擇尋找合適的合夥人共同創業，目前超過九成的創業型企業都有個三人以上的創始團隊，就是最好的印證。

合夥創業的模式優點很多，一開始若能分工明確、優勢互補、專業區分，發展的過程就會更加順利，也會大大縮短隊伍壯大的時間。當企業發展到一定規模，在傳統家族企業開始顯現弊端的時候，這種「團隊創業」的合夥人企業反而能夠有所迴避，更快吸引風險投資，從而優化企業制度策略，盡快走上正軌。

在我的諮詢機構中擔任顧問的羅斯，曾與同學成功創辦一家廣告公司，之後他主動退出公司，轉而從事自己最喜歡的培訓和諮詢工作。有次美國著名的科技網站前來訪問他，提到募集資金的問題，希望他能提供創業中的人一些建議。

羅斯回答說：「我們不能操之過急。如果你在經營一項受歡迎的、有趣的產品，那麼你就要根據自己的訴求來尋求合作。選擇一個能夠支援你的合作夥伴相當重要，千萬不要怕多花時間。」

儘管每個創業團隊需要的合作夥伴不盡相同，不同產業關注的重點也各有區別，但無論何種性質的企業，「選擇合適的合作夥伴」這一點顯然是一致的共識。

◉熟人怎麼變合夥人

尋找合適的合作夥伴並不是大海撈針，他們不可能遠在天邊，也許就近在眼前。基於謹慎的考慮，也涉及信任問題，我們不可能隨便去找個陌生人來當合夥人，尤其是第一次創業時的合作夥伴最好彼此熟識，像是配偶、親戚、朋友、同事都可以。

找合作夥伴前的四個功課

那麼該如何找到合適的夥伴呢？

第一，不能盲目尋找合作夥伴，心中要有一個標準，也要對創業的目標有規畫，也不能只是空口說白話，要拿出可實行的計畫書，才能說服有興趣的夥伴。

第二，你要讓合作夥伴了解自己負責的範圍，彼此未來的分工，職責規範要明確，不能模稜兩可。

第三，要明定彼此的投資比例、利潤分成、股分持有等問題，這也是避免未來利益分配有所糾紛的一個重要的保障。

第四，未雨綢繆為將來可能發生的「退出」合作問題，先設定好退出機制。這個問題很現實，大多數創業者一開始不好意思談論，甚至故意迴避，一旦發生衝突誤會的時候，卻往往因此撕破臉。

其實合作前，必須先預定規畫出一套危機處理機制，就是當彼此發生矛盾時應該怎麼辦，預先做好最壞的打算。

做好防小人的準備

並非所有人都能幸運的得到「貴人」相助，絕大多數的小型創業團隊在尋找合作夥伴時，都是從自己身邊的熟人開始。如果避免不了和朋友合作的可能，那打一開始就要先做好最壞的打算，既然不可避免會涉及感情問題，那我們不如做好危機處理，從一開始就做好「善後事宜」，先小人後君子。

創業的願望是美好的，我們對合夥人的期待也是。沒有人想要才剛創業，就預想有一天會對簿公堂。但是合作一旦開始，摩擦和矛盾就無法避免。作為創業者，務必事先想到這一天，所以更應該與合作夥伴簽訂合約或者合作備忘錄，載明萬一發生問題，雙方應各自負什麼責任，所有涉及利益的部分，也都要鉅細靡遺的寫進合作協定中。這是未來合作的一份保障，也是一種強大的、合法的約束力。

把醜話說在先就是這個道理，預防未來發生爭議，才爭吵不休。中國人和美國人都是如此，先互交負面清單，再進行合作，制定書面協議。但這種「君子協定」有時只對君子起作用，對於小人沒有用。那應該怎麼辦呢？如何保證雙方在合作的過程中都會履約，而不是口是心非、明裡一套背地一套呢？接著，就要建立恰當的監督機制並且堅定的執行。

很多人在諮詢時告訴我，他們發現有些事情當初明明說好的，但後來反悔的人卻不在少數。例如：已經達成共識的計畫，到第二天開會時合夥人卻反悔了，突然變卦。

那我們應該如何「應付」這種反悔呢？那就是要建立一套合作過程監督機制。很多成熟的公司都採取這種措施，在合作前先立下規矩，凡是參與合作的人都要白紙黑字簽下同意書，每次會議都要記錄備份，隨時防範有人反悔翻盤。

別總是計較公平與細節

既然要與他人合作，就要講求公平公正。當你在分配利益和權利的時候，首先要換位思考一下，我開的條件對方能接受嗎？如果換作是我，可以接受嗎？站在對方的角度考慮問題，是種難得的美德。這時你就會明白，如果你提供的利益讓對方不滿意，接下來的合作過程可能就不會那麼順利了。

年輕的創業家溫先生跟我說過，他與合夥人之間的一個故事：「我本身並不抽菸，但合夥人卻是個老菸槍，而且專抽好菸。最要命的是，他要求所有的菸錢都要用公費報銷，我們倆為此大吵一架。」

溫先生接著說：「他怪我是小氣鬼，因為他為公司出錢出力，我卻連一盒菸的錢都捨不得出。但我認為這有失公平，因為我不抽菸，卻要求公司為他付菸錢，那我豈不是虧大了？後來他就賭氣，故意讓公司失掉了一張大單。其實，他的能力是不可否認的，我承認自己無法承受失去這樣一位合作夥伴，所以我妥協了。若是為了點菸錢斤斤計較，卻損失幾十萬元的利潤，我一定是個大傻瓜。為此，我還『大出血』買了兩瓶好酒找回合作夥伴，總算換回他故意丟掉的那一張大單。」

在這個事件中，溫先生的錯誤就在於失去了大局意識，在細節上過於苛刻。每個人都有自己的特殊嗜好，只要不違反法律，也不會對公司造成什麼損失，為什麼不給予適度的尊重呢？若是太計較小細節，可能就像溫先生一樣，會在其他事情上遭受更大的損失。

所以，對待自己的合作夥伴一定要大方，不能總想著任何事都要公平，因為這世上沒有絕對的公平，成功者大多懂得妥協的藝術，讓對方占點便宜，表面上你吃了點虧，其實從長遠來看，你贏得的反而會更多，這不就應了那句話「吃虧就是占便宜」。

過程中意見不合很正常

合夥發展事業過程中，只要公司持續運作，每天都有新問題、新狀況要處理，這些都在所難免，重要的是，出現問題時一定要及時糾正，不能延遲處理，錯失良機。

因此，公司的規矩不能一成不變，必須根據現況不斷滾動式調整。這個查漏補缺的過程，一定不能嫌麻煩，很多時候一時的懈怠可能會為未來埋下隱憂。不論對自己還是對他人，新規矩都必須是一種約束和限制，當處理問題的時候你就會發現，有了這個「證據」是多麼省心了。

在合作夥伴之間，不可能永遠都意見一致，那我們要如何看待這種情況？當不同的意見出現的時候，如何實現良好的合作？

在我看來，兩名合夥人可以協商解決，互相說服；如果合夥人有三名以上，投票是一種比較理性的選擇；如果投票也解決不了問題，那麼就必須實行控股制，由控股最多的一方進行最後拍板。這種時候，最怕的是無意義的爭吵或推諉，形成拉鋸戰，結果什麼問題都解決不了，還傷了彼此的和氣。

◎向猶太人學合作

在人類數千年的歷史洪流中，猶太人有著「世界第一商人」的美譽，其中最值得學習的，就是他們的合作精神，尤其是尋找合夥人方面，他們是當之無愧的老師。

猶太人的金錢、智慧觀

在猶太人的歷史中，他們曾被視為異教徒、另類，甚至在第二次世界大戰中險些被滅族，但是猶太民族相當團結，他們憑藉團結精神，一次又一次的逃過劫難，賺取龐大財富，成功的在世界各地立足，還成為傳說中「控制美國政治及金融秩序的猶太財團」。對於他們來說，團結精神是他們之所以成功的一切基礎。

聞名於世的意義治療大師維克多．法蘭可、科學家愛因斯坦、物理學家尼爾斯．波耳、物理學家海因里希．赫茲……都出身猶太家庭，他們推動整個人類的文明與科學進步。

還有匈牙利裔美國核物理學家利奧・西拉德和愛因斯坦、原子彈之父羅伯特・奧本海默、氫彈之父愛德華・泰勒之間有著深厚的友誼，他們四人一起努力鑽研，為製造原子彈和氫彈做出及大貢獻。

至於美國廣播通訊之父大衛・沙諾夫、價值投資之父班傑明・葛拉漢等，都是關係親密的朋友和生意夥伴，共同創造出巨額財富。美國好萊塢最大的幾家電影公司也都是屬於猶太人的，如今幾乎已經壟斷了整個好萊塢。

猶太人認為，金錢與智慧是共同存在、互相結合的，個體的智慧有限，但是結合眾人的智慧所產生的力量，則會相當巨大。陷入困境時，猶太人很少會獨立去解決問題，往往會團結起來共同面對。

從猶太人的成功故事中，「團隊合作」的重要性不言而喻；換成我們一般想要創業的人，只有朋友與同事攜手，才能共同闖出一番事業。

西方的猶太人以團結合作著稱，被喻為「東方猶太人」的中國溫州商人也有著相同的優點，同鄉人團結一致互相協商，出現問題就共同解決的做事方式，在商場上無往不利，成功致富者眾。同時，他們在事業起步時，就先找對合夥人，並且進行團體戰。在世界各地，溫州商人的經營版圖不斷擴大，也先後成功打造出華人服裝街、華人電腦街、華商新城等等傲人成績。

借力使力

在這個世界上，擁有猶太血統的富豪不勝枚舉，聲名顯赫的美國船王丹尼爾．洛維格就是其中的代表人物之一，他擁有世界上最大的六艘油輪，名下大大小小的船隻合起來在五百萬噸位左右，他旗下的事業體還包括酒店業、房地產投資業等。

洛維格在成功的經商背後，其實有段故事。一開始，洛維格手頭的資金嚴重不足，只有一艘老油輪。他並因此沒有喪氣，反而透過抵押貸款最終發展出世界第一船隊，這全靠他懂得與別人合作，借用別人的資金來發展自己的事業。

當時洛維格不斷在各家銀行之間奔走，努力說服那些銀行家貸款給他，可是，無論他怎麼解釋自己有能力償還貸款及利息，那些銀行家見他一無所有，都直接拒絕。

既然無法在銀行貸款，那是否有其他的方法呢？終於，洛維格想到了一個方法。他請人修好自己那艘老舊的油輪，重新刷了一遍油漆，然後把這艘油輪廉價租給一家石油公司。

接著洛維格帶著這份石油公司的租約，再次去向銀行申請貸款。這次他告訴銀行，如果銀行可以貸款給他，那麼他那艘被石油公司租下的油輪租金，便可以用來抵貸款本息。他事先已經精算過，油輪的租金所得，剛好每個月足夠償還那筆貸款。

銀行方面終於同意了洛維格的貸款要求。事實上，對於銀行來說，他們看中的並不是洛維格的資產信用，而是那家石油公司的名聲與收入。他們認為，除非洛維格出了意外，或是油輪故障，甚至那家石油公司破產了，否則這筆貸款一定可以分文不差的收回。

由此可知，洛維格相當懂得善用其他人的物質條件來發展自己的事業。而獲得銀行貸款拿到第一筆錢的他，馬上又投資了另一艘貨船，這次把這艘船改造成一艘航載量大、運輸力強大的油輪。

他根據上次經驗，又依樣畫葫蘆，把這艘船租給石油公司，並收取租金，又轉用租金做抵押，向銀行再次貸款，又買貨船……就這樣慢慢的累積，他手上的船隻日益增多，出租的船隻也日益增加，他用出租油輪而獲得的租金還清貸款，而這些油輪也名正言順歸他名下所有。

洛維格的事業蒸蒸日上，隨著名下的油輪日漸增多，他所獲得的租金也越來越多。他一邊存錢一邊擴大自己的事業領土，先前拒絕過他的銀行也都紛紛表示合作意願。

要懂得讓利

猶太商人善於借助周遭的資源來經營自己的事業，被人們稱為「石油大王」的洛克菲勒也是這樣成功的猶太商人。

事業初期，洛克菲勒也曾夢想著壟斷石油業的煉油和銷售，但是當時的資金有限，無法與其他石油公司相匹敵，於是有夥伴提議：「那些石油公司在使用鐵路運送這方面狀況很不穩定，需要就用，不需要就不用。如果我們與鐵路公司簽約，訂下每日固定運油的數量，並且要求適當的優惠，當然這些優惠只有我們雙方知道，這樣我們還能省下運油的費用，其他公司也無法在運輸當中獲得利益，這樣我們很快就能操控整個石油產業。」

於是洛克菲勒開始與鐵路霸主之一的范德比爾特進行合作，達成協議：洛克菲勒必須每天固定用六十輛車，在這樣的基礎上，每桶讓利七分。由於運費降低，他們的石油價格也可以下調，因此銷售量驟增。這個策略對後來洛克菲勒成為石油大王，具有決定性作用。

商場上從來都是強者為王，洛克菲勒對此相當明白，也知道自己的資產財力不足之處，倘若一開始直接與其他大型石油公司競爭，早晚會被鯨吞蠶食，於是他也不與這些大公司正面交鋒，而是拉攏協力廠商合夥人在運輸上勝過他人，再逐步瓦解其他同行的勢力，實現壟斷石油業的願望。

作法篇：夢幻合夥人的五個標準

合夥人關係著自己的事業成功版圖，那麼，大家夢寐以求的合夥人是什麼樣子呢？二〇〇〇年成立的百度公司創辦人李彥宏與徐勇，便做了很好的示範。

一九九八年，擔任紀錄片《走進矽谷》製作人之一的徐勇，以其客觀全面性的角度報導了矽谷的發展過程，也深度探討矽谷成功的種種因素，引起各界注意。由於他的成功介紹，很多中國官員紛紛邀請他介紹一些相關矽谷的創業文化和投資風險機制；許多與矽谷有關的商業團體，也和他保持密切關係，邀請他為當地的高科技公司提供一些商業諮詢。

事實上，徐勇是位生物學的博士後研究員，但他對互聯網、矽谷的相關機制一直很感興趣。後來百度的另一位創辦人李彥巨集，也曾在《走進矽谷》這部紀錄片中擔任記者，參與對楊致遠的一段採訪。至於李彥宏，他曾在一九九九年出版一本書《矽谷商戰》。

百度創辦人的合夥故事

李彥宏與徐勇看似沒有交集，但是矽谷成了他們的共同話題，尤其徐勇每次拜訪李彥宏，都會聊起有關互聯網和矽谷的話題。李彥宏也一直認為，這部紀錄片體現了徐勇不同尋常的能量與活力。

終於，《走進矽谷》的首映會於一九九九年十一月在史丹福大學舉行。李彥宏抓住一個機會，找到了徐勇，告訴他：「請明天來我家，我和你談點事。」第二天徐勇依約拜訪，李彥宏竟然當場請他簽下一份保密協議！

此刻李彥宏所做的、所想的，已經遠超過一位「技術專家」的範疇，甚至相當的深謀遠慮，居然連和好朋友談話都要簽署保密協議。相信徐勇在離開百度時，一定會想起當年的這一幕。

在談話中，李彥宏給徐勇兩個選擇：第一，由徐勇幫他找錢，他給徐勇百分之一的獎金；第二，兩人一起創業，按照李彥宏三成和徐勇一成的比例來分配股分。徐勇想了想，選擇了後者。

據說，李彥宏和徐勇當天從中午聊到第二天淩晨，至於聊了哪些內容，除非雙方對外透露，外人永遠無法得知。不過，至少他們有了共識，選擇回到中國創業，開創出一番屬於中國互聯網企業的新天地。

最後在百度上市的前一晚，徐勇選擇離開了這家公司，但他當初的創業選擇仍然為自己累積了相當大的財富，即使已經淡出百度多年，仍然是中國科技富豪榜上有名的人物。

在創業初期，李彥宏與徐勇兩個人的合作非常完美，這也為百度日後的發展和騰飛打下了扎實的基礎。每當我們在對全世界的上千名學員進行合夥人培訓時，往往會把他倆的故事拿出來單獨分析，告訴人們在選擇合夥人時應該注意什麼，以及為我們的潛在合夥人制定什麼樣的標準。

單獨創業還是合夥創業好？

如何選擇創業的合夥人，是每個創業者都要面對的大問題。單獨創業或合夥創業都有各自的好處，例如網易的丁磊，就是單獨創業成功的代表之一，微軟公司的比爾．蓋茲則是合夥創業的成功代表。

單獨創業的好處是，企業的營運可以完全按照自己的意思，不會受到過多限制，但是對於創業者的綜合素質和資金實力要求也相對較高。若是你認為自己的實力足以經營一家公司，那麼就可以選擇獨資創業。

因為合夥創業最容易發生的問題，就是雙方在管理經營上意見分歧，引起爭端，畢竟每個人都有自己的創業理念和對工作的想法，這點是合夥創業前必須列入考量，並且預先構思良好的溝通機制。

當然合夥創業的優勢在於不同環節的完美整合，達到互補的作用，例如李彥宏和徐勇，一個人懂技術，另一個人懂市場行銷，而且對資本市場極為熟悉。當資金、市場和技術這三大創業的要素都齊備了，自然為成功打下良好的基礎。那麼在選擇合夥人時，應該注意什麼呢？優質合夥人又具備哪些條件呢？

標準一：是否擁有共同目標

在商業合作中，只有合夥人之間擁有共同的目標，才會走在一起；也就是說，擁有相同的目標與合作的成敗有著非常大的關係，這也是我們是否找到合作夥伴的關鍵。

是否具有共同的目標，決定了雙方的利益是否一致。利益的分配是否合理，也是在挑選合作夥伴時必須考慮的問題。因為合作夥伴也會考慮你提出的所有條件，然後綜合判斷彼此目標是否一致。

當你選擇合作者時，除了自身所擁有的某種資源，屬意的合作夥伴也必須要具備很好的、可合作的資源。簡單說，除了目標一致，我們對合夥人的要求還包括他的物質基礎，因為那是你的合作目的，而你的奮鬥目標則是你在這個行業中希望達到的地位；要具備清楚的合作目的和奮鬥目標，你們之間的合作才能站得住腳，並且往成功邁進。

標準二：是否能密切配合

合夥創業的本質就是多個人一起合作賺錢，所以相互配合非常重要。畢竟人多嘴雜，每個人都有各自的主張，很難達成統一的意見，要是彼此配合度不高，麻煩就會層出不窮。這樣一來，遇到困難時，沒有人敢站出來承擔後果；但當你們的事業開花結果時，大家都會擠破腦袋，想多分一杯羹。

這些場景在合夥人之間經常上演，也成為多數合夥人分道揚鑣的主要原因之一。這些問題可大可小，會讓你和合夥人的關係變得緊張，甚至關係破裂。長時間下來，會令你和夥伴身心俱疲，承受極大壓力。只有雙方願意並且能夠密切配合，完美協作，才能把問題降到最低。

標準三：是否分工明確

創業維艱，尤其是合作初期，創業者之間要明確分工夥伴之間各自的職責，絕對不能有模糊地帶，甚至必須要落實到書面上，白紙黑字寫清楚。

如果你們是長期合作，清清楚楚的責任歸屬至關重要，至少可以避免在後期的經營中，彼此不斷發生摩擦，或是在爭吵中反目成仇。其實，只要是「合作」本身，很多問題的癥結都是在於職責分配不夠明確。因此，更要慎選一位願意清彼此職責的合夥人。

標準四：是否對合作有正確心態

合作雙方之間會出現的主要摩擦，通常在合作初期還不明顯，大多發生在後期的經營和利潤的分配中。這時你抱持何種心態面對，能否保持良好的合作共識，在協商中解決問題？

為了避免這種情況，我們必須事先就合理的明確規範雙方職責，以保障合作雙方各自的利益，保持良好的合作氛圍，這樣才能避免摩擦。當然，良好的心態也要求我們不能迴避合作中可能出現的問題，要盡快解決這些問題，這也是維繫我們與合夥人深厚情誼的重要一環。

標準五：是否能夠互信

合作，自然是信任二字為先決條件，沒有信任就什麼都做不成，即使普通朋友都需要信任做基礎，合夥人之間更需要彼此信任。合作的過程中，必須一起做事、做決定，更需要充分表達對彼此的誠信態度。

例如：不要忽略一些合作的細節，這樣的做法很不明智，否則一出現問題，就根本無法妥善解決，最後還鬧得互相攻擊，也於事無補。在現代社會中，「信任也需要契約明定」，這是我的建議。

如果你們沒有把相關合作事項提前講清楚，並且寫下備忘，那麼合作中早晚會出現大麻煩。切記，即使合夥人是親朋好友，事業上的合作也一定要建立在正規的商業運作基礎上，要用商業的解決方法去解決合作上的糾紛，並且盡量避免糾紛，所有的合作細節都要提前說清楚講明白，把所有的約定合同化、法律化，這樣才能搭建好信任的基礎，努力創造一個優質的合作平台，促使雙方成為稱職的合夥人。

Chapter 7

誠信的客戶，是最好的客戶

◉好客戶必定有誠信

阿里巴巴創辦人馬雲曾用一句話來形容誠信的重要性：「誠信絕對不是一種高深空洞的理念，而是實實在在的言出必行，是點點滴滴的細節。」

誠信，簡單兩個字，不僅可以讓你在商業市場上占有一席之地，更是我們尋找好客戶的基本出發點，是成功的先決條件，也是商戰勝利的不二法門。

商道即人道，人貴以誠，有誰會拒絕與一位品德高尚的人合作？在商業競爭中能夠秉持誠實守信，就已經成功了一半。許多白手起家的創業者，最後能把事業做大做好的，憑恃的多是自身的「誠信」名片。

誠信造就阿里巴巴集團

精誠所至，金石為開。誠信做人是創業者叩開合作者大門的敲門磚，因此，能否在商戰中笑傲江湖，誠信尤為重要。

如果說，馬雲造就了阿里巴巴，阿里巴巴也成就了馬雲。在許多人看來，阿里巴巴的崛起受益於互聯網的快速發展，然而馬雲的成功，真的是他格外受到幸運女神青睞嗎？

在馬雲時代，阿里巴巴集團內部有所謂「六脈神劍」——客戶第一、團隊合作、擁抱變化、誠信、熱情、敬業，作為集團的價值觀和精神，我們從中不難找到答案，在重視客戶、合作、創新和員工精神面貌的同時，誠信也是對員工品格的基本要求。

馬雲曾在接受採訪時直言，企業要長遠發展最重要的一點就是「講誠信」。確實誠信不是喊口號，而是實實在在的腳踏實地、點點滴滴的累積，是在商業上取得成功的決定性因素。像馬雲這樣的企業家，能把誠信放在公司策略的高度，就證明了對於誠信的重視。

在歷史上的商戰中，也不乏例證，可見誠信早已成為獲得成功的通行證。

◉建立你的「誠信體系」

如果誠信是一張名片，那麼「誠信體系」便是一幅位於繁華街頭的巨大看板。一個人若能將他的誠信帶入商業體系中，並以此建立起龐大的誠信體系，就可以為成功打下更堅實的基礎。

舉例來說，若阿里巴巴沒有建立起一個龐大的誠信體系，便不會成為真正的電子商務企業，並一躍成為全球最大的Ｂ２Ｂ網站，只能停留在ＢＢＳ階段，做一些簡單小規模的業務。你應該已經看到，馬雲所主導建立的誠信體系，讓阿里巴巴不斷攀上新的顛峰。

誠信的好處超過預期

很多人都曾向我表達過，他們非常羨慕馬雲的成功，崇拜阿里巴巴的神話，也希望自己可以成為馬雲那樣的人，擁有無數優質的客戶。

他們用盡辦法，絞盡腦汁，到處拓展人脈，卻很少有人理解「誠信」的重要，更想不到誠信體系帶來的巨大作用。你在無形中建立起的誠信體系，會讓巨大的利潤紛至沓來。

商場如戰場，曇花一現的企業不在少數。渴望東山再起，卻苦於沒有成熟合作夥伴的人比比皆是。但厚積薄發，一舉成名的人也不是鳳毛麟角，並非所有人都擁有成為首富的能力，要在無形的商戰中存活，並且快速成長，壯大自己的實力，一定要重視「誠信」，並逐步建立自己的誠信體系。記住，誠信會為你帶來各種好處，並幫你贏得最終勝利。

試想一下，有同樣性質的兩家商店，你會去誠信度五星的商店消費，還是去誠信度為零的商店消費呢？倘若每個人都願意去誠信度五星的商店消費，那過不了多久，它可能擴大為全市連鎖、全國連鎖，甚至全球連鎖……。而誠信，便是你經營一開始的五星級招牌，會為你帶來源源不斷的回頭客。

用產品和人品打動客戶

只要你能構建好最堅固的誠信體系，還怕找不到優質的客戶嗎？你一定要記住，最能打動客戶的兩樣東西：商家的人品和產品。

在二十世紀九〇年代初期，長江實業集團曾經代理一種從北歐進口的燃氣火鍋產品。當時這種產品在全球市場較為先進且時尚，也很有市場性。製造商早在八〇年代就成立研發部門，花了六、七年時間研究這款產品，因為創新、有別於其他家產品，一上市就造成話題，短短兩年就成為歐洲的暢銷品牌之一。

這家製造商要進軍亞洲市場時，便選擇長江實業來負責代理業務，於是香港公司便安排我擔任第一批銷售人員，我也隨即展開初步的產品市場調查，包括價格策略，並規畫未來一年內的行銷方案等。在實際接觸市場後，我發現這款產品的公司定價比同行相似產品的價格高出近三分之二。

「這價格會不會太高了？」我暗自思忖著。

很多商家還沒接觸到產品，只聽到價格就開始「回饋」意見，他們說：「哎呀，您的價格太高了，我們無法提高價格賣，也沒有什麼利潤。賣出去的價格還沒批發價高，我們要賺什麼？」有的乾脆直接說：「先生，等我需要的時候再打電話給你吧！」或者是：「就算你們公司名聲大，也沒必要用這麼貴的產品來拿我們這些二線門市尋開心吧？別鬧了。」

用品質勝出，而非價格

這次的產品市場調查進行了兩個月，又走訪了上百家超市，我碰了一鼻子灰，即使拜訪了再熟識的商家，也始終無法成功簽下一張訂單。直到當年的九月份，全香港只有十三家電器超市願意銷售，離既定目標還有相當大的距離。

但是，我們的業務部主管梁先生並沒有因此灰心喪氣，他堅信可以打開市場，哪怕是用更高的價格，因為他認為，「這項產品的品質毋庸置疑，更何況在香港，長江實業代理的電器都很有信用，我們名聲在外，不用降價。」他甚至還想再提高價格，對那些電器銷售商施壓。

不過，我覺得用高價格來體現自信並不是一個好主意，而是要做到讓產品的品質與價格相匹配。說穿了，我們必須在同樣價格的產品中，做到品質比別人更好。於是，我又調整了這款產品的宣傳方案，在香港的大街小巷貼滿這款火鍋的使用說明，還請明星在電視節目中現身說法，證明它的功能相當優秀，是市面上現有的產品無法企及的。

三個月後，廣告效應終於顯現出來。許多商家開始主動上門，希望可以批一些貨去店裡試賣。眼看冬天就要到了，正是火鍋的銷售旺季，我們也藉這個機會大賺了一筆，而且累積了很多穩定的客戶。

這次經驗讓我得出兩個結論：首先，產品價格可以貴一點，但必須與眾不同才能打動客戶。至於與眾不同的首要標準是什麼？就是品質致勝。只要品質與眾不同，價格就好說；若是品質低劣，即使價格再優惠，也很難讓客戶買單。

其次，客戶分很多種，有人喜歡便宜貨，也有人講究好品質的產品，他們為了買到好產品，寧可出更高的價格。為了打動這樣的客戶，你必須嚴格要求自己，在各方面都做到最優。

提供無可取代的產品

如果你所銷售的產品品質夠好，那麼在開發客戶資源時，就得鎖定那些追求品質的人群，或者乾脆往高端的市場發展，做好各方面的工作讓客戶對你動心。

首先，我們要讓客戶認識產品的價值，不能僅靠吹噓和包裝。你必須相信自己提供的服務和產品物有所值，並且做到服務和品質保證。同時，你也要有充分的自信，相信這項產品的價值，才能成功推銷產品，讓對方成為你的回頭客。

至於要如何充分認識自己的產品呢？

第一點，你要喜歡自己的產品和服務，要擅長做這些工作，讓客戶留下好印象，這樣才能幫助銷售狀況。其次，你還要更進一步，對產品和服務非常熟悉，並能在最短時間內準確的說出獨特賣點，便能打動客戶。最後，你還要有靈活的修正策略，根據客戶的需求來變更產品和服務，做到讓他們滿意。

能夠做到以上三點，有了基礎，與客戶打交道時就可以更胸有成竹了。

人品也是一種保證

談生意時，客戶最看重的除了產品，還有什麼？

或許你也會感到困惑：「做生意的重點不就是產品本身嗎，不然是什麼？」

其實，要累積客戶關係時，你還要做好最重要的一件事——就是推銷自己，只要客戶接受你，你的產品才會被他們接納。只要客戶認同你這個人，有時候甚至你不用對產品進行太多的推銷工作，他們就會欣然簽下合作協議，因為在他們眼中，你的人品就是最大的保障。他們相信你，所以也相信你所提供的產品和服務。因此，在對待客戶時，一定要有一顆真誠的心。

美國商人費爾斯通是泛世通輪胎和橡膠公司的創辦人，公司剛成立之初，工廠設備相當簡陋，研發製作工作也不如預期，願意為公司效力的工人寥寥無幾。直到有一天，費爾斯通遇見了曾經獲得新式橡膠輪胎發明專利的發明家羅唐納，終於出現轉機。

這位擁有輪胎專利的羅唐納，曾拿著的專利證書和設計圖去找正在開發新產品的另一家橡膠公司負責人史道夫。本以為自己的專利能被高價收購，或是雙方共同合作生產，沒想到這位負責人卻不以為然，瞄了一眼他的設計圖，就扔回去大罵：「你這個騙子！以為這些小孩子把戲就能騙到我的錢嗎？！」

羅唐納當場氣得渾身發抖，還拿出發明專利證書來證明自己不是騙子。史道夫仍只是輕蔑的看了一眼，搶下那張專利證書揉成一團扔回去，直說：「這是拿來騙外行人的，審查專利的都是些外行人。」

因為史道夫的輕視，讓羅唐納受到沉重打擊，受到羞辱的事也成為人們的笑柄，他更發誓從此再也不涉足發明界，於是整天借酒澆愁，性格變得孤僻，也不再相信任何人，生活窘迫不堪。

當時亟欲發展公司業務的費爾斯通聽說此事後，對羅唐納的發明很感興趣，一直希望有機會能夠見面，只是他們的第一次見面並不順利，當時羅唐納只是不屑一顧的看了費爾斯通一眼，完全不理睬。

費爾斯通不想放棄這個可以讓公司翻身的機會，第二天登門拜訪又吃了閉門羹。但費爾斯通並沒有因此放棄，他認為羅唐納遭逢打擊而變得孤僻，情有可原，於是他打算用自己的真誠來打動對方。有一天，他又到羅唐納的家門口等了整整一天，因為沒有吃任何東西，又累又餓，眼看著就要撐不下去了。

直到當天傍晚六點左右，羅唐納終於打開家門，費爾斯通開心的想要迎上去時，沒想到卻眼前一黑，差點摔倒在地，多虧羅唐納及時扶住他。

就這樣，羅唐納受到費爾斯通的誠心感動，決定鼎力襄助。之後，費爾斯通的公司採用羅唐納的發明，成功製造出不易脫落且蓄氣量很大的橡膠輪胎。新的橡膠輪胎一上市，立即獲得大眾的認可。費爾斯通的公司也以此發明為基礎，迅速發展擴張成為美國頂尖的輪胎公司。由此可見，「誠心」的重要性。

富豪洛克斐勒也是個寬厚的人

我們再來看一則故事，故事主角是知名的石油大王洛克斐勒。他年輕時，因為脾氣暴躁而得罪了很多人，有不少人都恨他入骨，甚至有人揚言要對他不利。直到晚年，他才明白做人不該太過逞能，待人以誠才最重要。

他曾有感而發的說：「不管你是平民還是貴族，你都應該學會包容別人的過錯，用平和的心態去與人交往，因為這樣做可以讓你保持愉悅的心情，並省下對別人怨恨的時間做更多有意義的事。」

晚年的洛克斐勒私下喜歡徒步旅行，有一次，長途跋涉的他覺得很疲倦，打算搭乘火車回公司，於是來到當地一個小車站，現場略顯髒亂，疲憊的他便坐在候車大廳門口邊的座位上等車，懶懶的看著來往的行人。

火車進站了，乘客們一窩蜂的湧向剪票口，洛克斐勒也起身準備之際，從候車大廳外走進一位高個子女人，她拎著一個看起來相當沉重的皮箱，氣喘吁吁，明顯也是要趕搭這班車。但是皮箱似乎很重，累得她每走幾步便停下來，一邊向四周打量了一番，她似乎是打算找人幫忙，隨後她的視線落在一身狼狽的洛克菲勒身上，喊道：「那個老頭，你來幫我提箱子，我會給你小費！」

如果是年輕時候的洛克斐勒一定對她不理不睬，但是當時的他已經重新領悟許多人生的道理，他毫不猶豫的接過那只皮箱，一起前往剪票口順利搭上火車。車子一啟動，高個子女人接過箱子說：「這次多虧了你，不然我一定趕不上這班車。」說完，她便掏出兩美元作為小費遞給了洛克斐勒。

洛克斐勒一邊從容的接過錢，一邊問道：「女士，您要去哪裡？」這位高個子女人說，她要去另一個城市探望很久沒見的兒子。

他一邊聽這位女人講著，一邊幫忙把皮箱放到座位底下。沒想到，這時候列車長走了過來，看見他後便問道：「洛克斐勒先生，您好，沒想到您會搭這班車，請問需要什麼服務嗎？」

洛克斐勒笑著拒絕，「謝謝您的好意。我剛結束一次徒步旅行，現在打算回公司了。謝謝！」

高個子女人聽到這兒，立刻驚呼：「啊……您是洛克斐勒先生？天哪！我居然讓您幫我拎箱子，還給了小費兩美元！」她慌張的請洛克斐勒退還小費。洛克斐勒卻回答：「那怎麼行，女士！如果把小費退給您的話，我剛才不就白白拎箱子了嗎？」

用好人品帶你更靠近成功

這些故事給了你什麼啟發？如果想在這個社會上生存，首先就應該學會禮貌，真誠待人。如果態度過於高傲，肯定不會討人喜歡。同樣的，如果希望讓客戶對你滿意，一定得拿出自己的真誠態度，降低姿態。

許多人一旦飛黃騰達後就目中無人，覺得有錢便高人一等，這樣必定會招來別人的不滿和仇視。最糟糕的是這種人不但在普通人面前態度高傲，在客戶面前也經常表現十分不屑，好像別人非得求他們合作一樣。

當然，窮人不該有仇富的心態，但是富人如果能夠懂得尊重任何人，待人謙遜有禮的話，一定會得到更多人的尊重。有些有錢老闆認為，有錢能使鬼推磨，沒有什麼人請不到，所以員工就該對發薪水的老闆，更加感恩戴德；至於老闆自己，對員工則沒有絲毫感激之情。抱持這種心態的老闆，絕對無法聘用到真正的人才。唯有真誠待人，懂得尊重他人，才會有人為我們竭力工作；也只有用真誠的心去對待別人，才能打動更多潛在客戶。

如果你有足夠的魅力和魄力來吸引客戶，讓他們對你留下好印象，那還擔心什麼價格問題呢？很多客戶寧願多花一點錢買到好服務，也不願意少花一毛錢跟人品差的人合作。

總之，想打動一個客戶，就必須擁有好產品和好人品，更能提高自己的價值，客戶才可能在多選一的情況下，對你產生好感，而你也更容易靠近成功。

傾聽客戶的心聲

如何讓自己在尋找和開發客戶資源的過程中，掌握聆聽這門藝術呢？

我們應該像敬業的好員工聽取上司的指示一樣，放低姿態，聆聽客戶真實的聲音，哪怕他們滿嘴抱怨，把自己的負面感受和莫名其妙的牢騷，全都發洩到你身上，也要耐心聽完，並對此做出善意和積極的回應。

一份調查報告顯示，這是良性聆聽的基礎。我們若是不能好好傾聽客戶的心聲，他們對我們的意圖一定不會感興趣，甚至會產生極大反感。而且客戶對於我們的推銷或請求，會喪失最起碼的積極性，因為他們覺得被忽視。這樣的話，即便你很想結識他們，也不會起什麼作用。

站在客戶的角度思考

在聆聽客戶的心聲前，我們必須先拋棄內心的成見，站在對方的立場換位思考，捫心自問：「如果我是客戶，那我最需要的是什麼產品？」越是與客戶交心，就越能了解他們的內心世界，問題的答案就越簡單。

聆聽客戶的想法時，我們應該多表贊同，多賞識，多做筆記，不要偏激，更不要打斷他們的談話。不管對方所說的話與自己觀點天差地別，都要包容，聆聽到最後再平和的發表意見。

客戶就是上帝，你必須縮短與他們的心理距離，只要你表現對他們的尊重，客戶也會一樣尊重你，這才是聆聽最好的結果。當然，這一切的前提都是我們要維持一種平和的心態，讓客戶覺得獲得認可、尊重，從此銘記在心，進而支持我們、購買產品，提升我們的業績，實現雙方的共贏。

更進一步來說，對客戶所說的話，左耳進、右耳出，並不是聆聽的真諦，而是要發掘出他們內心最真實的想法，這才是聆聽客戶的不二法門。

聽出弦外之音

對我們來說，在生活和工作中要做到高品質的聆聽有難度，因為客戶未必會對你說真話，或一開始就說明他們的真實需求，往往都會有所隱瞞，他們肯定有很多話不敢說、不想說，甚至還會言不由衷。這種時候，你必須準確的聽出這些話中有話，這樣才是高效的聆聽，不僅紓解客戶的情緒，解開他們的困惑，也能滿足他們的需求。

高效的聆聽可以避免我們自以為是，最重要的是可以聽到客戶內心最真實的聲音。想像一下，你問一位客戶是否喜歡贈送的小禮物，只見他的眼睛直盯著地板，雙手握在一起，平淡的回答：「喜歡啊，我一直渴望得到這樣的禮物。」聽到這裡，你會相信客戶那句語氣平淡的回話，還是相信他透過肢體語言所表達的意思呢？

假設有位客戶在參與你安排的活動時感到很不滿，有些當初承諾的項目沒有兌現。當你問客戶的活動心得，或有什麼意見時，他眉頭緊鎖，冷笑一聲說：「沒什麼意見，還可以。」他的語氣和表情都明顯說明事有蹊蹺，你肯定要小心處理。

這些都是傾聽的重要性，為你帶來敏銳的洞察力，探知別人的弦外之音。

讚美是最好的禮物

每個人都渴望獲得他人的讚美，客戶當然也不例外，即使是一句簡單的讚美，像是「您今天氣色很好」、「您的穿搭令人驚豔」，都可以讓對方更有自信，心情大好。

每個人都渴望他人的肯定與社會的認可，尤其是當我們付出一定的勞動之後，自然期望能夠獲得他人的讚美。「欲先取之，必先予之。」如果我們想獲得他人的讚美，就要先學會讚美別人。

如何讚美別人？我們要發自內心對別人表示尊重和認可，這也是我們能夠給予別人的最好的禮物。

讚美他人本身就是我們對他人表達一片善心與好意，從中傳遞我們的信任和欣賞，也在無形中化解彼此有意或無意造成的隔閡與摩擦。

細數了讚美帶來的諸多好處，我們為什麼不從現在開始就運用這種說話的藝術呢？

人從讚美中感受到尊重

人們都喜歡聽好話，沒有人會發自內心希望有人時時指責自己，就算是再熟識的朋友或親密如夫妻，你的幾句批評，都可能會讓對方覺得難堪，或面子上掛不住。

一位美國哈佛大學的專家曾做過一項實驗，研究結果證明，動物的大腦在受到鼓勵的刺激以後，其大腦皮層上面的興奮中心也會開始興奮起來，從而調動其子系統進讓其行為發生改變。同理可證，身為萬物之靈的人類，其最基本的需求之一，就是渴望獲得別人的認同與享受他人的讚賞。

一位日本的社會心理學家說過：「當人們對你表示讚美或表現尊重的時候，除了那些顯而易見、逢迎拍馬的話被你屏棄，就算是普通的應酬話，也會讓你覺得極為舒坦。可是，一旦聽到他人對你的批評，即使知道對方並非惡意中傷，或對方所言不實，你也會覺得有些不舒服，甚至產生一種強烈的反感。」

儘管這位心理學家研究對象主要是日本人，可是他的研究報告在一定程度上也反映了人們的共同性。我們常說的要多與人為善，也是同樣的道理。

每個人身上都有令人難以察覺的優點，而這些恰恰正是其個人價值的體現。一個可以令客戶折服的人，往往也是慧眼獨具、喜歡由衷讚美他人的專家。讚美客戶無疑是我們拓展客戶資源的潤滑劑，在與他人交往的過程當中，我們應該適當讚美，從中體會神奇的效果。

其實，讚美他人的過程，就是一個與人進行良好溝通的過程。透過讚美他人，你除了表達對他人的欣賞和尊重，自己也能從中感受到快樂。

美國心理學家馬斯洛提出的需求層次理論認為：一個人較高層次的需求是尊重與自我實現；這也可以解釋為榮譽感和成就感。

一個人想要獲得榮譽感和成就感，自然需要社會的認可，而藉由讚美，就可以輕輕鬆鬆的將此訊息傳遞給對方。當他人因為某些行為而獲得你真心誠意的讚美時，他就會覺得自身的努力獲得肯定和認可，他也會在獲得榮譽感和成就感的同時，感受到激勵和鼓舞。如此一來，他就會更努力，更加主動發揮自身的力量，朝目標大步前進。

讚美的驚人力量

有位學生抄襲了某雜誌的一篇散文當自己的作文作業交差。巧的是，他的國文老師讀過這篇文章，而這位執教多年的老師，深知保護一個學生的自尊比挖苦和指責要好得多。

所以這位知情的老師不但沒有嚴厲批評這個學生，或要求重寫，而是將他叫進辦公室，真心誠意的稱讚這篇散文寫得多麼好，甚至主動為學生分析了這篇文章的結構，以及段落之間的起承轉合，最終不忘叮囑這個學生要向更高的寫作目標努力。

令人意想不到的是，這位老師為了保護學生自尊的讚美，竟在這個學生的心中留下不可抹滅的印象，他真的喜歡上寫作，憑著自己的不懈努力，最終成為一位著名的業餘作家。

這就是讚美的力量！這種力量相當驚人，有時候甚至可以點石成金。

在我們的現實生活中，一個擅長發現別人的長處、不吝於讚美的人，在讚美別人的同時也會有所收穫，甚至從中獲得激勵。我們應當毫不吝惜的去讚美別人，尤其是我們的客戶，但必須恰如其分，讓對方留下一個好印象，從而有助於開拓和累積客戶資源。

自信心讓你贏得尊重

在日常的人際交往過程中，「尊重」二字非常重要；這裡指的不僅僅是尊重別人，最重要的是，我們也要尊重自己，這樣別人才懂得尊重我們。

信任自己，便是給自己最大的尊重。我們應當充滿自信，相信自己能夠做好每件事。換句話說，自信就是在內心裡對自己的肯定。

心理學家們曾研究過「自信心」與人際關係，發現一個人是否自信，往往會影響他給人的第一印象，而且每個人都喜歡與自信心強的人交朋友。

用自信心打敗看衰的人

三〇年代初的日本「銷售之神」原一平，便是一位充滿自信，自知甚深的人。當時沒有任何保險銷售經驗的他，懷抱強烈的自信心前往保險公司應徵，負責面試的主管對這位已經年近三十、沒有銷售經驗的原一平並不看好，認為他並不適合這個行業。

「您為什麼會這麼以為呢？」當時就要被淘汰的原一平心有不甘的反問。

面試官語帶不屑的說：「保險銷售的工作難度很高，你看上去就無法勝任。」

原一平被面試官的態度激怒了，在心中燃起鬥志，於是更認真的問道：「那麼貴公司對員工的要求標準是什麼？」

「每個月必須推銷出一萬元以上的保單。」面試官擺明提高了標準，目的就是要讓原一平放棄這份工作。

「任何人都必須每個月業績要超過一萬元？」原一平繼續問道。

「當然。」面試官的態度依舊輕蔑。

「那我也可以！」原一平自信滿滿的說。

面試官拗不過原一平的執著，於是答應讓他成為公司的「見習保險推銷員」，他沒有屬於自己的辦公桌，還常常被資深員工隨意差遣。最初，原一平一份保單都賣不出去，也沒有任何薪水，只能步行上班，吃不起午飯，常常露宿街頭，但是他沒有輕易放棄，因為他相信自己，這就是他給自己的最大的尊重。

人必自重而後人重之

「你是獨一無二的，你的毅力與鬥志超群，現在的貧窮只是暫時，你一定會成功的，你一定會證明自己是一名傑出的推銷員！」原一平經常這樣鼓勵自己，也清楚明白，他推銷的不僅僅是保險，還有他自己。

經過種種磨難，原一平所有的厄運終於過去，不到十個月時間，他成功銷售近十七萬元的保單，遠超當初面試時的那場約定，讓同事們對他刮目相看，再也沒有人敢輕視他，那些曾經嘲笑他的人也開始主動前來請益。

人們應當相信自己，尊重自己，這樣才能學會尊重別人；懂得尊重別人，才能獲得對方的尊重與信任。如果你連自己都不相信、不尊重的話，遑論會有人尊重你，更別提要獲得對方的信任了。

◉打造多管道人脈圈

生意人無不尋求自身利益的最大化，希望投入最少就能換取最大的收益，因此所選擇的合作者便成為實現利益最大化的關鍵。

對合作者進行多方面的比較，並對可能的結果進行評估，在眾多選項中找到最合適的一個。因此，多管道、多途徑的選擇與比較，為自己創造更多機會，便是爭取利益最大化的先決條件。

和多少人打交道，決定生意做多大

有一項調查顯示，根據所有的社會關係平均數據來看，人的一生大概會遇到三千五百個人。你有沒有想過，其實這個數字可能更大，而且這取決於你對成功有多渴望。如果你能將這個數據資料擴增為十倍，那就能獲得百倍的成功。

一個人的人脈圈可大可小，但事業成功者的人脈圈絕對大得令你吃驚。

以中國流行的「微商」來說，他們以「微信」為工具，透過分享在朋友圈銷售產品，而這種微型創業，便是利用熟識的人脈資源進行銷售。

由此可見，從某種程度上來說，你能和多少人打交道，決定你可以做多大的生意。而且，你永遠都猜不到那個為你帶來機會的人是哪一個。

用人脈創造機會

我相信很多人都聽過這個故事：有個人覺得某位年輕人頗具潛力，想助他一臂之力。於是這個人去找了洛克斐勒，對他說：「先生，我想為您女兒介紹一個對象，他是世界銀行的副總裁。」洛克斐勒同意了。

接著這個人找到世界銀行的總裁，又對他說：「總裁先生，任命洛克斐勒的女婿為世界銀行的副總裁，您覺得如何？」總裁先生也答應了。

於是，這個有為的年輕人便成為世界銀行副總裁，也成了洛克斐勒的女婿。

這個故事證明了，只要你懂得運用自己的人脈資源，便可以離成功更近。

當今社會的工作競爭激烈，許多人都在苦練自己的獨門功夫，認為有了屬於自己的絕活，便能一展身手。但是，如果少了人脈加持，沒有人願意為你搭建可以一展身手的舞台，那就算擁有再多的絕技也無處施展。

舉例來說，你繼承了祖傳八代的製陶手藝，然而，你的家鄉極為偏僻，光是進城一趟就要花上一天時間。

你一直都在家裡製陶燒陶，可是，製作那麼多陶器要做什麼呢？目的不就是要把這些陶器賣出去，展現你們家傳的手工陶藝價值嗎？如果你只想憑藉自己的能力載這些陶瓷進城去賣，恐怕出發前就已經搬貨到體力不支了。

用誠意打動人心

有些事情、有些時候不能只靠自己一個人獨自奮戰，要學會借助外力。人的精力和能力有限，如果所有的事情都想攬在自己身上，反而無法發揮原有的優勢，要想借力使力，就要多利用人際交往，處理好人際關係。首先，我認為，你得用誠心和人交往。

以前，我有個朋友在南京工作，他的老家在廣州。有一年，他的母親生了一場大病，他無意間得知，有一種樹有助於她母親的身體復原，但這種樹只有廣州一家禮儀公司才有得賣。雖然與這家公司不相識，也沒有任何往來，他還是冒昧寫了一封郵件給那家公司的總經理，語氣誠懇的在信中請問對方，可不可以在他母親出院時送一棵樹到家裡，他可以從南京先匯款過去。

那位總經理看過我朋友的郵件後，深受感動。他說，他們賣這種禮儀樹已經多年，從來都沒見過有誰這麼孝順的為自己父母買一棵，衝著我朋友的孝心，那位總經理送給我朋友一棵樹。

後來我朋友放假回到廣州老家，見到母親，也見到那棵樹，便親自拜訪那家公司總經理，表達感謝之意。當時總經理對他說：「當下這種時代，事業、金錢不過是生活的一部分，只有情感才是最重要的。」

因為一棵樹，我的朋友因緣際會結識了那位總經理，之後我朋友公司的禮儀業務也都交由這家公司處理。這就是一種開拓客戶的方式，處處都是商機，只要你有眼光、有品位、有追求、有誠意，就一定可以讓自己的客戶遍地開花。

適時調整策略，不要一成不變

在現代商業社會，「以不變應萬變」的策略可行不通，如果總是一成不變，早晚會被時代淘汰。一位優秀的企業掌舵者必須隨時根據形勢變化決策、調整方向，才能到達成功彼岸，開拓客戶時也是如此。

保守、固執己見的人，無法建立良好的交際網。同樣的，不知變通、頑固的人，也往往是商場的失敗者。

史玉柱曾位居富比世國富豪排行榜前列，卻因為決策失誤，一夜之間從事業顛峰跌入谷底，成為負債數億元的「最著名的失敗者」。在調整心態後，他用借來的人民幣五十萬元作為本金殺回商場，還清欠款，東山再起投入保健品行業，為他帶來了龐大的財富，為了更大的成功，史玉柱開始審視保健品行業的發展前景。在發現保健品行業走下坡後，他又開始轉變營運方針，在二〇〇五年高調的投資大型網遊《征途》，又大賺了一筆。

史玉柱的成功就在於明智的進行決策，適時的調整方向。在所處行業發展前景黯淡的情況下，果斷選擇新興行業進行投資，為自己開拓新的客戶與市場。

當你停滯不前時，必須根據環境變化隨時調整方案，否則就沒有出路。一九四八年，有人在美國加州發現金子。大批淘金者從各地趕去，做起發財大夢。但當地氣候炎熱，很多人因為沒水喝而昏厥。

有個十七歲的男孩亞摩爾在認清形勢後，果斷放棄自己的淘金夢，改賣水給淘金客。在許多淘金客空手而歸時，亞摩爾反而成為一個小富翁。可見，懂得變通可以帶來成功與財富。

人生難免會遇到挫折，商場中處處有陷阱，但總有人會獲得成功。那些成功的人都擁有敏銳的洞察力和靈活的頭腦。他們清楚知道自己的處境並做出分析，當發現自己停滯不前的原因是定位錯誤時，會及時調整，而不是固守己見。

成功的人善於調整方向，他們在發現自己選擇的方向錯誤時，能及時做出改變，至於那些一成不變、思維僵化的人，最終則註定會失敗。

作法篇：和客戶「共好」

談到客戶時，大多數人會把重點放在「產品」，趕緊賣掉產品，收回貨款，創造獲利。在此，我想提出一個建議：何不轉換一下思維，把重點轉移到客戶身上，讓你的生意和客戶的成長融為一體，讓你們共同從合作中獲益，也就是創造所謂的雙贏、共好。

要想做到這一點，我們就要考慮下列兩個問題。

方法一、為客戶創造獨特的價值

如果你的產品品質無可挑剔又獨一無二，那你根本不需要任何業務員，也不需要花大把力氣去開發客戶。你只要坐在那裡，客戶就會趨之若鶩的前來下單，因為你提供了其他人所無法提供的產品。

舉個簡單的例子，每天吃飯做菜會用上的食鹽，根本不用做廣告，每個家庭、做菜的人都會去購買。又例如手機作業系統，除了蘋果系統除外，其他手機使用者似乎就是 Android 的選擇。這裡我想說的是，只要能為客戶提供一種他們必須的價值，你就可以守株待兔了。

但在現實中，只要以商品作為載體，在如此殘酷的競爭之中，我們很難做到獨一無二，唯一能做的，只是盡可能為客戶提供更多的有用價值。只有體現出產品的價值，讓客戶看到了，合作才能持久。

做生意時，千萬不要以為達成初步合作或抓住一個關鍵負責人，就可以高枕無憂，想好好維護與客戶的關係，就要不斷增加自身產品的價值，如果對你的客戶來說，你的產品是有價值的、重要的、不可或缺的，甚至是不可替代的，那麼即使不用刻意維護其中的關鍵人物，也可以長期擁有這個客戶。

方法二、別忘了關注競爭對手

為什麼會流失客戶呢？很多時候不是因為他們沒有需求，而是你的競爭對手滿足了他們的需求。所以，時時刻刻都不能忘記關注競爭對手。

我們最常犯的錯誤就是在開發客戶的時候，把客戶當成最重要的對手，投入所有的精力，而忽略了同行的競爭對手。事實上，對手才是影響我們能不能和客戶達成合作的關鍵。

因此，當我們在研究客戶需求的同時，也要了解競爭對手的優缺點，包括他們所能提供的服務、目標和底線等等。

知己知彼，百戰百勝。在談判過程中針對競爭對手的弱點，以資料或事實為依據，擺出自己的優勢才更有說服力。這是一種客戶開拓中的曲線策略，當你能夠擊敗自己的競爭對手時，就等於增加了自己的客戶資源。

職場方舟 4019

關係力決定你的人生優勢

打通人脈、集結盟友，用 10% 關鍵人物，成就 90% 大事！

（初版書名：關係力：用 10% 關鍵人物，成就 90% 大事！）

作　　者　李維文
封面設計　張天薪
內頁設計　Didi
責任編輯　張釋云
特約編輯　陳瑤蓉
行銷企劃　盤惟心
行銷經理　許文薰
總 編 輯　林淑雯
平台總經理　李雪麗

方舟文化官方網站　方舟文化讀者回函

出版者　方舟文化／遠足文化事業股份有限公司
發行　遠足文化事業股份有限公司（讀書共和國出版集團）
231 新北市新店區民權路 108-2 號 9 樓
電話：（02）2218-1417　傳真：（02）8667-1851
劃撥帳號：19504465　戶名：遠足文化事業股份有限公司
客服專線：0800-221-029　E-MAIL：service@bookrep.com.tw
網站　www.bookrep.com.tw
印製　沈氏藝術印刷股份有限公司　電話：（02）2270-8198
法律顧問　華洋法律事務所　蘇文生律師
定價　380 元
二版一刷　2024 年 9 月
ISBN　978-626-7442-76-0
書號　0ACA4019

國家圖書館出版品預行編目(CIP)資料

關係力決定你的人生優勢：打通人脈、集結盟友,用10%關鍵人物,成就90%大事! / 李維文著. -- 二版. -- 新北市：方舟文化, 遠足文化事業股份有限公司, 2024.09
面；　公分. -- (職場方舟；4019)
ISBN 978-626-7442-76-0(平裝)

1.CST: 人生哲學 2.CST: 人際關係 3.CST: 生活指導

191.9　113010933